Sandra Bielmeier und Armin Bielmeier

Bienen Basics

Alles, was Hobbyimker und Bienenfreunde wissen müssen

Sandra Bielmeier und Armin Bielmeier

Bienen Basics

Alles, was Hobbyimker und Bienenfreunde wissen müssen

INHALT

Die Biene — 8

- Was die Biene für Mensch und Natur bedeutet — 10
- Ein Kunstwerk der Natur — 12
- Der Bienenstaat: Alles hat seine Ordnung — 14
- Im Porträt: Königin, Arbeiterin & Drohn — 16
- Wo wohnt die Biene? — 18
- Die Biene – das Produktionswunder — 20
- All about Honey — 22
- Die europäischen Bienenrassen — 26
- Wildbienen und andere Insekten — 28
- Die Biene und die Landwirtschaft — 30
- Das kann jeder tun — 32
- *Interview: Damit es über allen Dächern summt* — 36

Der Anfang als Imker — 38

- Ein Blick in die Geschichte — 40
- Europa entdeckt die Biene — 42
- Erst einmal die Schulbank drücken — 44
- Und jetzt kommt der Papierkram — 46
- Die Ausrüstung des Imkers — 48
- Die Bienen richten sich ein: Beutensysteme — 50
- Kleines Waben-Einmaleins — 54
- Warum biologisch imkern — 56
- *Interview: Bienen würden BIO kaufen!* — 58
- Der phänologische Kalender — 60
- Die Bienen und der Mond — 62
- Das Bienenjahr — 64
- Das Imkerjahr — 65

Frühling im Imkerjahr — 66

- Erste Völkerdurchsicht — 68
- Völkerexplosion: Das Volk vermehrt sich — 70
- Bienenpflanzen für den Garten — 72
- Nektarquellen im Frühling — 74
- Die Honigproduktion beginnt — 76

Sommer im Imkerjahr — 78

- Völkervermehrung und Königinnenzucht — 80
- Schritt für Schritt zum neuen Bienenvolk — 82
- Die Bienen kommen ins Schwärmen — 84
- Einen Bienenschwarm einfangen — 86
- *Erlebnisbericht: Der Bienenfänger oder ein Fall für sich* — 88
- Blühendes Naherholungsgebiet: der Balkon — 90
- Nektarquellen im Sommer — 92
- Erste Honigernte — 94

* Rühren, abfüllen & etikettieren	98
* *Erlebnisbericht:* *Imkern in der Familie*	100
* Bienen auf Wanderschaft	102
* Wenn ein Bienenvolk krank wird	104
* Varroa – der große Feind der Bienen	106
* Einfüttern: Vorbereitung für den Winter	108
* Hausmittel für Mensch und Biene	110

Herbst im Imkerjahr 112

* Herbst – das Bienenvolk verändert sich	114
* Im Spätherbst beginnt die Ruhezeit	116
* Pflanzzeit für Frühjahrsblüher	118
* Späte Blütenpracht	119
* Insektenhotel kinderleicht	120

Winter im Imkerjahr 122

* Winter-Varroa-Behandlung und Co.	124
* Schritt für Schritt zum gedrahteten Rahmen	126
* Wachs einschmelzen und recyceln	128
* Auf zum Kerzengießen	130
* Kontrolle der Bienen im Winter	132
* Bienenpflanzentabelle	134
* Glossar	136
* Register	139
* Adressen und Literatur	142
* Impressum	144

DIE GU-QUALITÄTSGARANTIE

Wir möchten Ihnen mit den Informationen und Anregungen in diesem Buch das Leben erleichtern und Sie inspirieren, Neues auszuprobieren. Bei jedem unserer Produkte achten wir auf Aktualität und stellen höchste Ansprüche an Inhalt, Optik und Ausstattung. Alle Informationen werden von unseren Autoren und unserer Fachredaktion sorgfältig ausgewählt und mehrfach geprüft. Deshalb bieten wir Ihnen eine 100 %ige Qualitätsgarantie.

Darauf können Sie sich verlassen:
Wir legen Wert auf einen nachhaltigen Umgang mit der Natur im eigenen Garten. Wir garantieren, dass:
• alle Anleitungen und Tipps von Experten in der Praxis geprüft und
• durch klar verständliche Texte und Illustrationen einfach umsetzbar sind.

Wir möchten für Sie immer besser werden:
Sollten wir mit diesem Buch Ihre Erwartungen nicht erfüllen, lassen Sie es uns bitte wissen! Wir tauschen Ihr Buch jederzeit gegen ein gleichwertiges zum gleichen oder ähnlichen Thema um. Nehmen Sie einfach Kontakt zu unserem Leserservice auf. Die Kontaktdaten unseres Leserservice finden Sie am Ende dieses Buches.

GRÄFE UND UNZER VERLAG. *Der erste Ratgeberverlag – seit 1722.*

VORWORT

Als die Bienen in unser Leben kamen

Wenn eine Familie beschließt, ein gemeinsames Hobby anzugehen, kann das schon einmal ordentlich danebengehen. Als begeisterte Gärtner und Naturliebhaber mussten wir jedoch nicht lange überlegen, als wir uns für die Bienenhaltung entschieden. Noch heute, nach mehreren Jahren des Imkerns, fühlt es sich an, als hätten wir ein fehlendes letztes Teilchen in unser Leben eingefügt, das weit über die Gedanken eines Hobbys hinausreicht.

Begreift man die Bienen als komplexe Wesen, die weit mehr sind als Honiglieferanten, kann das den Blick auf sich und die Welt verändern. Mit diesem Buch wollen wir die Biene und ihre Bedeutung den Menschen ein klein wenig näherbringen.

Die Honigbiene, das rätselhafte Wesen. Was wurde in den letzten Jahrtausenden nicht alles in sie hineininterpretiert: in einigen Kulturen galten die Biene sogar als heilig. Mittlerweile wurde sie entmystifiziert und ist zum gefragten Nutztier unseres Planeten geworden. Dennoch sind wir dabei, ihren Lebensraum zu gefährden. Ohne die Unterstützung des Menschen ist die Honigbiene mittlerweile nicht mehr überlebensfähig. Deshalb unterliegt es unserer Verantwortung, alles dafür zu tun, um ihren Fortbestand zu sichern. Vom Großgrund- bis zum Blumentopfbesitzer sollen alle angespornt werden, Äcker, Gärten und Balkone zum Blühen zu bringen und so den Bienen eine Lebensgrundlage zu bieten.

Aus der Summe dieser großen und kleinen Aktionen werden die Bienen gestärkt hervorgehen und nicht zuletzt auch zum Fortbestand der Menschen beitragen.

Dieses Buch ist für alle, die sich für die Bienen und deren Zusammenhänge zwischen Mensch und Natur interessieren und damit einen wichtigen Beitrag zur Erhaltung des natürlichen Kreislaufes leisten wollen.
Familie Bielmeier

Ein Leben ohne Bienen kann sich Familie Bielmeier nicht mehr vorstellen.

DIE BIENE

VEREHRT SEIT URZEITEN IST DIE HONIGBIENE DER **SUPERSTAR** IN DER INSEKTENLIGA. VOM ERWACHEN DES FRÜHLINGS BIS HIN ZUM HERBST HÖREN WIR IHR **WOHLIGES SUMMEN**. EIFRIG **BESTÄUBEN** SIE JEDE BLÜTE UND SORGEN MIT IHRER ARBEIT FÜR DIE JÄHRLICHE **WIEDERGEBURT DER FLORA**. UNS BESCHEREN SIE **HONIG, OBST, GEMÜSE** UND VIELES MEHR.

 DIE BIENE

Was die Biene für Mensch und Natur bedeutet

Bienen leisten für uns Menschen und den Naturhaushalt schier Unvorstellbares: Sie produzieren nicht nur Honig, sondern sorgen mit ihrer Bestäubungstätigkeit dafür, dass unser Tisch reich gedeckt ist.

Info

Kaum zu glauben, doch die Honigbiene ist nach dem Rind und Schwein das drittwichtigste Nutztier, das für die Ernährung des Menschen sorgt.

»Stirbt die Biene, so stirbt nach spätestens vier Jahren auch der Mensch.« Dieser Satz, der Albert Einstein zugeschrieben wird, bringt die Bedeutung der Biene auf den Punkt. Ob es so kommen wird, vermag zwar niemand sicher zu beurteilen, jedoch ist klar, dass ein Aussterben der Bienen eine massive Einschränkung des Nahrungsangebots und der Lebensqualität für Mensch und Tier zur Folge hätte.

Die gute Nachricht ist: Wir können dies durch unser Tun verhindern. Geht es den Bienen und anderen Insekten gut, so geht es auch uns Menschen gut. Denn dann können die Bienen – zusammen mit anderen Insekten – dafür sorgen, dass wir die reichen Gaben der Natur in Form von Obst, Gemüse, Kräutern oder Samen genießen können.

Reiche Ernte

Für dieses Wunder sind im großen Maß Honigbienen verantwortlich. Denn nur relativ wenige Pflanzenarten – etwa Weizen oder Mais – bestäubt der Wind. Die Mehrheit der Blütenpflanzen ist dagegen auf die Bestäubung durch Insekten angewiesen, und rund 80 Prozent der Bestäubungsarbeit im Sommer leisten die Bienen. Honigbienen erledigen aufgrund ihrer Blütenstetigkeit diese Arbeit von allen Insekten sogar am effektivsten. Blütenstet bedeutet, dass eine Biene die Blüten ein und derselben Pflanzenart so lange anfliegt, wie diese genug Nektar bieten. So überträgt sie den Blütenstaub (Pollen) auf die passenden Blüten der gleichen Pflanzenart, und die Befruchtung der Keimzellen ist möglich – die Voraussetzung für die Bildung von Früchten und Samen. Erst wenn eine Tracht zur Neige geht, wechseln die Bienen auf eine andere Pflanzenart.

Die Bedeutung der Biene wird schon anhand ganz weniger Zahlen deutlich: Ein Bienenvolk besteht im Sommer aus ca. 50 000 Tieren. Die Flugbienen unter ihnen legen pro

Kulturapfelbäume wären ohne Bienen nicht in der Lage, sich zu bestäuben.

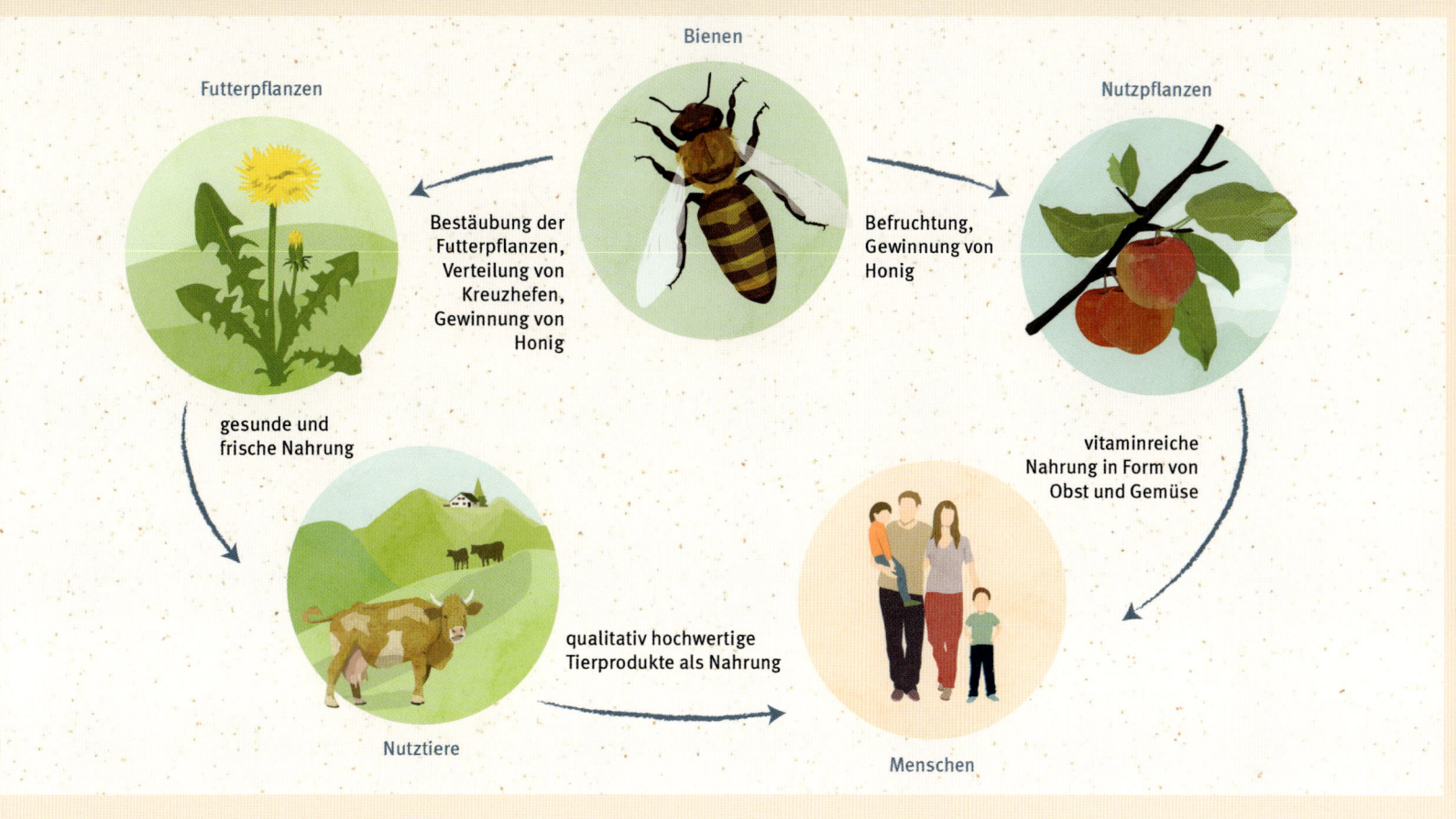

Tier und Tag bis zu 60 Kilometer zurück, um Pollen und Nektar für das Volk zu sammeln und ganz nebenbei Blüten zu bestäuben. Ohne Bienen würden Obst, Kräuter und vieles mehr nach und nach von unserem Speiseplan verschwinden.

Viele positive Effekte

Die Tätigkeit der Bienen hat aber noch mehr positive Effekte. Weil Bienen auch Wildpflanzen bestäuben, sorgen sie für die Erhaltung vieler natürlicher Biotope und der dort lebenden Tierarten. Außerdem übertragen Bienen beim Bestäuben von landwirtschaftlich genutzten Wiesenblumen sogenannte Kreuz- oder Nektarhefen, die den Kühen helfen, die Pflanzenzellulose bis zu 20 Prozent besser zu verdauen. Viele Landwirte nutzen diese Erkenntnis bereits. Sie mähen Weiden nicht zu früh ab, sodass die Pflanzen blühen und die Bienen die Hefen übertragen können. Damit sorgen die Bauern für das Wohlergehen ihrer Kühe, und alle profitieren von der höheren Fleisch- und Milchqualität.

Und die Honigbiene hat in noch einem Punkt die Nase vorn: Natürlich sorgen auch andere Insekten wie z. B. Wildbienen für die Bestäubung. Die Honigbiene hat jedoch wegen ihrer Fähigkeit, als ganzes Volk zu überwintern, eine Sonderstellung unter den bestäubenden Insekten: Sie nimmt bereits im Frühjahr, wenn wichtige Kulturpflanzen wie Apfel und Raps blühen, ihre Arbeit auf.

 DIE BIENE

Ein Kunstwerk der Natur

Im Lauf ihres Lebens erledigt eine Honigbiene die verschiedensten Aufgaben – vom Wabenbau bis zur Honigproduktion. Dank ihres Körperbaus ist sie dafür perfekt ausgerüstet.

Info

Bienen sind schlaue Baumeister: Die sechseckige Form der Waben nutzt den Raum optimal, und es entstehen keine unnötigen Zwischenräume.

Die Honigbiene zählt zu den Multitalenten im Tierreich. Über das Sammeln von Nektar und die Produktion von Propolis, Honig und Wachs hinaus ist sie Baumeisterin, Amme, Sammlerin und Wächterin. Wirft man einen genaueren Blick auf die Biene, kommt man aus dem Staunen nicht mehr heraus.

Der Körperbau der Biene

Die Biene zählt zu den Hautflüglern. Sie besteht aus drei Körperteilen: Kopf, Brust und Hinterleib. Ihr Skelett befindet sich nicht im Inneren des Körpers, sondern umgibt und schützt ihn in Form eines Chitinpanzers. Auf diesem Außenskelett sitzen feine Chitinhaare, die als Pollentransportmittel dienen, weil sich an ihnen beim Blütenbesuch der Pollen festsetzt. Die Atmung der Biene findet durch ein Tracheensystem aus feinsten Chitinröhren statt. Die Atemöffnungen sitzen an den Seiten von Brust und Hinterleib.

Kopf und Brust sind relativ fest miteinander verbunden, während der Hinterleib flexibel ist. Deshalb kann eine Biene schon mal flink »ums Eck« stechen, um Feinde abzuwehren. An der Brust befinden sich zwei Flügelpaare und sechs kraftvolle, aus mehreren Gliedern zusammengesetzte Beine. Die Beine sind wiederum mit Vorrichtungen zum Abstreifen von Blütenstaub sowie zum Packen und Aufladen von Pollen ausgestattet.

Dank des sehr dehnbaren Hinterleibs kann eine Biene in der kalten Jahreszeit ihre Kotblase über Monate füllen, sodass sie den Bienenstock nicht verunreinigen muss. Das Gleiche gilt bei Flugwetter für die gefüllte Honigblase, deren Inhalt im Bienenstock von anderen Arbeitsbienen übernommen und in die Wabenzellen gefüllt wird.

Der sechseckige Wabenbau der Bienen (Hexagon) gilt als stabilste Bauform überhaupt.

Dank Ihrer Facettenaugen hat die Biene den perfekten Rundumblick. Mit ihnen erhält sie ein grobrasteriges Bild ihrer Umgebung. Drei Punktaugen, die eher in der Mitte an der oberen Seite des Kopfs sitzen, stellen Helligkeitskontraste fest. Mit den Fühlern (Antennen) riecht, schmeckt und tastet die Biene. Die wichtigsten Körperteile der Honigbiene sind jedoch die Kieferzangen, auch Mandibeln genannt, sowie der Rüssel zur Aufnahme und Weitergabe der Nahrung. Vom Nektar- und Pollensammeln bis zur Propolisherstellung und der Verarbeitung des Honigs sind diese Mundwerkzeuge elementar für ein funktionierendes Bienenvolk. Das beginnt z. B. damit, dass die junge, fertig entwickelte Biene mit ihren Kiefern ihre verdeckte Brutzelle aufschneidet – ein Vorgang, der ihr den ersten Blick in die Freiheit ermöglicht.

FLEISSIGE WACHSPRODUZENTINNEN

Für die sechseckigen Waben sind enorme Mengen an Wachs nötig. Dieses Wachs schwitzen sich die Bienen im wahrsten Sinn des Wortes aus den »Rippen«. Dafür besitzen sie am Hinterleib vier paarweise angeordnete Wachsdrüsen (Wachsspiegel). Die Wachsplättchen werden in Größe eines Zuckerkristalls ausgeschieden. Mit ihren Beinen führt die Biene diese Plättchen zu den Mundwerkzeugen. Dort knetet sie sie durch, versetzt sie mit Speichel und verarbeitet sie weiter. All diese Fähigkeiten machen die Biene zu dem, was sie ist – ein Kunstwerk der Natur.

DIE BIENE

Der Bienenstaat: Alles hat seine Ordnung

Dank Arbeitsteilung und Teamarbeit funktioniert der Bienenstaat perfekt. Königin und Drohnen produzieren Nachwuchs, die Arbeiterinnen erledigen alles, was für die Existenz des Volkes wichtig ist.

Info

Bei Kontakt mit Insektiziden verliert die Flugbiene den stockeigenen Geruch. Wächterbienen verjagen sie und sichern so die Existenz des Volks und für uns einen unbelasteten Honig.

Zur Gemeinschaft eines Bienenvolks – von den Imkern »der Bien« genannt – gehören eine Königin, einige männliche Bienen – die Drohnen – und sehr viele weibliche Bienen – die Arbeiterinnen. Die Königin und die Drohnen sind für die Erhaltung ihrer Art zuständig. Wobei der Name »Königin« etwas unglücklich gewählt ist, denn der aristokratische Titel hat beim Bien keinerlei Relevanz. Die Königin steht unter ständiger Kontrolle der Arbeiterinnen und wird von ihnen regiert. Funktioniert sie nicht in ihrem Sinn, züchten sie eine neue Königin nach und töten die alte. Selbst zum Höhepunkt ihres Lebens, dem Hochzeitsflug, wird die Königin von den Arbeiterinnen gelenkt und begleitet. Am Drohnensammelplatz wählen sie die passenden Drohnen zur Befruchtung aus.

Die etwas plumpen Drohnen nehmen eine scheinbar undankbare Rolle ein. Die klobigen Wesen irrlichtern kreuz und quer über die Waben, immer auf der Suche nach einer Amme, die sie füttert. Denn trotz ihrer stattlichen Erscheinung sind sie von Geburt an »Pflegefälle«: Sie können sich weder selbst ernähren, noch besitzen sie einen Stachel. Stärker und größer als ihre Schwestern, tragen sie jedoch durch ihre Anwesenheit zur Harmonie im Bienenvolk bei. Ihre Sternstunde schlägt, wenn es um die Begattung der Königin geht. Nach der Befruchtung stirbt der Drohn, da sein Geschlechtsteil nach der Vereinigung aus seinem Körper gerissen wird, um kurz im Hinterleib der Königin zu verbleiben.

Die Arbeiterinnen dagegen durchlaufen nach und nach alle Arbeitsbereiche, die für die Existenz des Volks wichtig sind. Die einen füttern den Nachwuchs, die Drohnen und die Königin, andere bauen Waben aus, in denen Futter gespeichert und die nächste Generation aufgezogen wird. Wieder andere halten den Bienenstock sauber oder lagern Honig und Pollen ein. Die Stocktemperatur regeln,

Um die Brut mit Eiweiß zu versorgen, wird Pollen um das Brutnest eingelagert.

Wussten Sie schon, dass …

Schwänzeltanz

… NICHT JEDE BIENE TANZEN DARF?

Ob die Nachricht einer Kundschafterin, die eine neue Futterquelle entdeckt hat, überhaupt lohnt vorgetanzt zu werden, entscheidet ein Gremium von Vorkosterinnen:
* Fällt die Entscheidung positiv aus – wenn die Qualität des Futters gut ist und Bedarf an Futter besteht –, dann kommt es zum Rund- oder Schwänzeltanz, je nach Entfernung und Art der Futterquelle.
* Zwei bis drei Nachtänzerinnen begleiten die Kundschafterin bei Ihrer Aufführung und verbreiten die einstudierte Nachricht im ganzen Volk weiter.

Wachs schwitzen und verarbeiten, Brut- und Honigzellen verdeckeln gehören ebenfalls zu ihren Aufgaben. Wächterbienen am Flugloch halten Eindringlinge fern. Ab dem 20. Lebenstag wird eine Biene zur Flugbiene und geht auf die Suche nach Nahrung (Tracht).

Der Bienentanz

Um möglichst effektiv zu arbeiten, schwärmen Kundschafterinnen, die »Spurbienen«, aus. Sie suchen im Umkreis von etwa sechs Kilometern nach Nahrung. Fündig geworden, kehren sie zum Bienenstock zurück und vermitteln Größe, Entfernung und Art der Tracht mit dem Rund- und Schwänzeltanz. Der Schwänzeltanz wird bei mehrere Kilometer entfernten Blütenquellen angewandt und äußerst präzise vorgetanzt. Zunächst läuft die Biene mit seitlich vibrierendem Hinterleib zwei bis drei Zentimeter in eine Richtung. Die Laufrichtung befindet sich in einem bestimmten Winkel zur Sonne und der Tracht. Dann kehrt sie im Rundbogen zum Ausgangspunkt zurück und beginnt von Neuem. Diesmal läuft sie in entgegengesetzter Richtung auf Anfang zurück. Den Tanz untermalt sie mit für uns nicht hörbaren Signaltönen. Erst jetzt steigen die Nachtänzerinnen ein und verbreiten die Nachricht.
Bei nahe gelegenen Trachten wird der Rundtanz aufgeführt. Dabei wird der Fundort nicht direkt angegeben. Die Biene läuft etwa drei Minuten in einem Kreis von ein bis zwei Zentimeter Radius und bewegt sich nach einer Runde in die entgegengesetzte Richtung. Andere Sammlerinnen nehmen mit den Fühlern Kontakt mit dem Hinterleib der Tänzerin auf und verfolgen ihre Bewegungen. So nehmen sie den Geruch der besuchten Blüte auf.

 DIE BIENE

Im Porträt: Königin, Arbeiterin & Drohn

Entwicklungsstadien

Königin

Vom Ei bis zum Schlupf benötigt die Königin 16 Tage, nach weiteren zehn Tagen erfolgt der Hochzeitsflug. Insgesamt beträgt ihre Lebensspanne **2 bis 5 Jahre.**

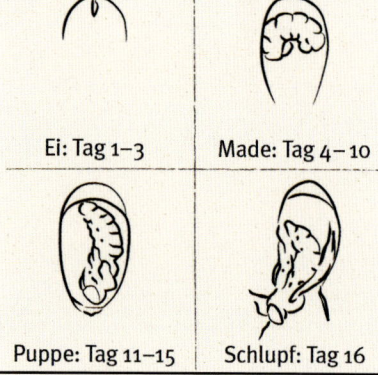

Ei: Tag 1–3 | Made: Tag 4–10
Puppe: Tag 11–15 | Schlupf: Tag 16

Arbeiterin

Vom Ei bis zum Schlupf benötigt die Arbeiterin 21 Tage. Die Lebensspanne beträgt bei Sommerbienen **35 bis 42 Tage,** bei Winterbienen ca. **6 bis 7 Monate.**

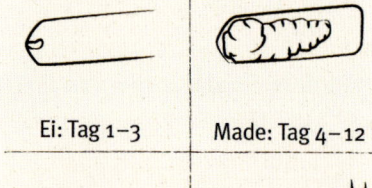

Ei: Tag 1–3 | Made: Tag 4–12

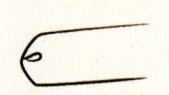 

Puppe: Tag 13–20 | Schlupf: Tag 21

Drohn

Vom Ei bis zum Schlupf benötigt der Drohn 24 Tage. 8 bis 12 Tage nach dem Schlupf erreicht der Drohn die Geschlechtsreife. Seine Lebensspanne beträgt **30 bis 40 Tage.**

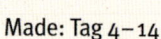

Ei: Tag 1–3 | Made: Tag 4–14
Puppe: Tag 15–23 | Schlupf: Tag 24

Im Porträt: Königin, Arbeiterin & Drohn

Anzahl	Aufgaben	Besonderheiten
1 Königin pro VOLK	Als einzig voll entwickeltes Weibchen kann nur sie Eier legen und sorgt für den Fortbestand ihres Volkes. Sie legt bis zu 2000 Eier täglich. 	DURCH DIE FÜTTERUNG VON **GELEE ROYALE** WIRD AUS EINEM NORMALEN EI EINE **KÖNIGIN**. DURCH DAS ABSONDERN VON **DUFTSTOFFEN** (PHEROMONEN) HÄLT SIE IHR VOLK ZUSAMMEN UND SORGT FÜR EIN HARMONISCHES ZUSAMMENLEBEN. SIE BESITZT EINEN **STACHEL**.
50.000–70.000 im Sommer  **10.000–15.000 im Winter**	Die Arbeiterinnen sind Pollen- und Nektarlieferanten, Wachsproduzenten und Baumeister der Waben, Brutpfleger und Erzieherinnen, Wachpersonal und Honigerzeuger. Entsprechend werden sie Flugbienen, Sammelbienen etc. genannt.	Die Arbeiterinnen steuern und lenken ihre Königin. Die Kommunikation findet über Tänze statt. Sie besitzen einen Stachel. 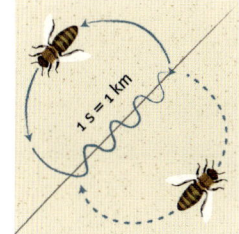
500 bis 2000 Drohnen pro Volk	 **BEFRUCHTUNG EINER KÖNIGIN AN DEN DROHNENSAMMELPLÄTZEN.**	**DIE DROHNEN ENTSTEHEN AUS UNBEFRUCHTETEN EIERN. DIE PAARUNG MIT DER KÖNIGIN FINDET IM FLUG IN ETWA 10–20 METER HÖHE STATT. DIE DROHNEN MÜSSEN GEFÜTTERT WERDEN UND BESITZEN KEINEN STACHEL.**

 DIE BIENE

Wo wohnt die Biene?

Höhlen in Baumstümpfen oder Felsen sind das natürliche Zuhause der Honigbiene. Als der Mensch die Biene als Nutztier entdeckte, kam der Umzug in Tonröhren, Bienenkörbe und schließlich in Beuten.

Die Baumhöhle ist die ursprünglichste aller Bienenbehausungen.

Bienenkörbe bieten Bienen ein gesundes Klima, dürfen aber nie feucht werden.

Als die Menschen den Bienen noch keine Behausung boten, war die völkerbildende Biene auf das Immobilienangebot der Natur angewiesen. Hohlräume in Baumstämmen mussten genügend Platz für ihre Zehntausenden von Schwestern, wenigen Brüder und eine Chefin bieten. Irgendwann kam der Mensch auf den Plan. Ab dem Zeitpunkt, als er anfing, die Biene zu nutzen, brach ein neues Zeitalter für die Honigbienen an. Die alten Ägypter kamen vor ca. 5000 Jahren auf die Idee, Bienenvölker in Tonröhren umzusiedeln, deren Enden sie mit einem Mix aus Schilfstängeln und Nilschlamm oder Strohhäcksel, Kuhdung und Nilschlamm verschlossen und ein Flugloch hineinbohrten. Anders als in unseren Breiten, wo Bienen Schutz vor Kälte brauchen, steht bei den Tonröhren die Kühlung der Stocktemperatur im Vordergrund. Man stapelte Hunderte von Röhren übereinander, wobei die äußeren leer blieben und zur Kühlung der darunter liegenden dienten. Diese Röhren verwendet man bis heute in Ägypten bei der traditionellen Imkerei. Die alten Ägypter studierten den Lebenszyklus der Bienen, ihr Verhalten und sorgten für den Fortbestand der Völker. Die Biene als Nutztier war geboren.

Über die Jahrhunderte hat sich die Bienenhaltung jedoch stark verändert. Hat man die Bienen vor Jahrzehnten noch in Bienenkörben aus Stroh untergebracht, ist man heute

Wussten Sie schon, dass ...

... STADTHONIG OFT WENIGER MIT SCHADSTOFFEN BELASTET IST ALS LANDHONIG?

Heute wird vermehrt in Stadtgebieten geimkert – sei es durch Privatpersonen oder Vereine.

* Dieser Trend hat einen positiven Nebeneffekt: Weil in Städten, anders als auf dem Land mit seinen landwirtschaftlichen Flächen, kaum oder gar keine Pestizide eingesetzt werden, ist die Schadstoffbelastung geringer.
* Stadtverwaltungen, die Dachflächen von Verwaltungsgebäuden und Museen usw. zur Verfügung stellen, leisten Unterstützung. So entstand ein neuer Lebensraum für Bienen.

auf Holzbehausungen (Beuten) umgestiegen – wegen der einfacheren Handhabung und besseren Hygiene (→ Seite 50–53).
Der Vorteil für die Bienen war und ist, dass sie in der menschlichen Obhut weitgehend vor Fressfeinden und extremen Witterungseinflüssen geschützt sind. Die Miete entrichten sie in Form von Honig, Wachs und Propolis. Gezähmt wurden die Bienen allerdings nie. Man würde Honigbienen heute noch in hohlen Bäumen oder in wärmeren Gefilden in Felsspalten finden, wenn der Druck durch die aus Asien eingeschleppte Varroamilbe – spätestens im Herbst – nicht so groß wäre, dass Honigbienen bei uns ohne die Behandlung durch die Imker gar nicht mehr überleben können (→ Seite 106–107).
Sind die Bienen mit den örtlichen Gegebenheiten unzufrieden, kann es passieren, dass sie dem Imker den Mietvertrag kündigen und ausziehen. Natürlich haben Bienenhalter bestimmte Techniken entwickelt und versuchen zu verhindern, dass ein Teil der Bienen ausschwärmt und ein neues Volk gründet (→ Seite 84–85).

Umzug in die Stadt

Bis vor Kurzem wurde das Imkern ausschließlich mit Landidylle und Natur verbunden. Doch die moderne Agrarwirtschaft hat den Lebensraum der Bienen vielerorts stark eingeengt. Im Gegensatz dazu wurden verstärkt blühende Landschaften in Städten geschaffen. Dank bepflanzter Dächer, Balkone und Stadtgärten sowie der von den Häusern gespeicherten Wärme herrschen ideale Lebensbedingungen für Bienen. Es entstand ein regelrechter Stadtimker-Boom, die Stadt wurde zur neuen Heimat für die Biene.

DIE BIENE

Die Biene – das Produktionswunder

Vom Honig über Propolis, Gelee Royale, Pollen, Wachs und Bienengift: Die Bienen bieten uns ein beeindruckendes Sortiment an wertvollen Naturprodukten an.

Wenn man bedenkt, was die Honigbiene alles herstellt, belegt sie in der Kategorie »eierlegende Wollmilchsau« einen Platz ganz vorn im Tierreich.

Da ist als Erstes der Honig – Nahrungsmittel und Energiequelle. Propolis dient als Medizin und Naturkleber. Gelee Royale ist der Saft, der die Königin entstehen lässt. Der Pollen ist Powernahrung für den Bienennachwuchs. Das Wachs ist der ultimative Baustoff für Kinderstuben und Honigbehälter im Bienenvolk. Und last but not least das Bienengift, das nicht nur schmerzt, sondern auch in der Medizin Anwendung findet.

* Wer denkt, dass Honig nur eine zuckersüße ausgewürgte Flüssigkeit ist, der irrt. Neben den verschiedenen Zuckerarten wie Frucht- und Traubenzucker enthält Honig Proteine, Vitamine, Aminosäuren, Enzyme sowie Farb- und Aromastoffe. Bezieht man den Honig aus der Region, in der man lebt, hat man doppelten Nutzen, da sich in ihm Kräuterbestandteile und Wirkstoffe befinden, die z. B. bei Allergikern positive Eigenschaften entfalten können.

* Propolis produzieren die Bienen vorwiegend aus Baum- und Knospenharzen unter Zugabe von Wachs, Pollen, Speichel und ätherischen Ölen. Die braun-gelbliche Masse ist optimal, um Spalten und Ritzen in der Bienenbehausung abzudichten. Pro-

Mit Propolis wird in der Beute abgedichtet, verklebt und desinfiziert.

Ab dem 11. Lebenstag produziert die Biene Wachsplättchen.

Die Biene – das Produktionswunder

Den Pollen transportieren Bienen in sogenannten Pollenhöschen an den Hinterbeinen.

Je nach Blütentracht unterscheiden sich Farbe und Konsistenz des Honigs.

polis dient aufgrund seiner antibiotischen und antiviralen Eigenschaften auch als Desinfektionsmittel und wird im Bienenstock gegen Pilze und Bakterien eingesetzt. Die Bienen bringen einen hauchdünnen Film, die Nymphenhäutchen, in die Wabenzellen ein, um die Larven vor Infektionen zu schützen. Fremdkörper im Bienenstock, die die Bienen nicht abtransportieren können – etwa tote Mäuse –, werden luftdicht mit Propolis abgekapselt, um Krankheiten zu verhindern. Bei Halsschmerzen und Schleimhautentzündungen kommt Propolis aufgrund seiner entzündungshemmenden Wirkung auch bei Mensch und Tier zum Einsatz.

* Das Gelee Royale wird bis zum 3. Lebenstag allen Bienenlarven zuteil. Erst danach ist es ausschließlich der heranwachsenden Königin vorbehalten. Mit dem sehr eiweißhaltigen Futtersaft wird die Larve quasi zur Königin gedopt. Gelee Royale findet auch als Nahrungsergänzungsmittel sowie in Kosmetikprodukten Verwendung, kann jedoch allergische Reaktionen auslösen. Zur Gewinnung von Gelee Royale muss die Königin vom Volk entfernt werden – ein massiver Eingriff in das Gleichgewicht des Biens, den naturnahe Imker strikt ablehnen.

* Während den Bienen das Wachs hauptsächlich als Baumaterial dient, findet es bei uns universelle Verwendung – sei es für Kerzen, in Hautcremes oder in Leder- und Holzwachs. Die Lebensmittelindustrie nutzt es als Trennmittel.

* Das Bienenprodukt, das am meisten erforscht wurde, ist das Bienengift. Die Behandlung mit Bienenprodukten beruht auf jahrtausendealter Tradition und Erfahrung, und heute wird es z. B. gegen Rheuma eingesetzt. Anders als viele chemisch hergestellten Medikamente ist die Medizin der Bienen sanft, trotzdem aber stark wirksam und gut verträglich.

DIE BIENE

All about Honey

In einem faszinierenden Prozess verwandeln Bienen Blütennektar und Honigtau in Honig. Das süße Gold ist für die Bienen das Überlebenselixier und für uns Menschen ein gesunder Genuss.

Endlich ist es so weit! Die erste Massentracht, die Rapsblüte, hat begonnen. Es ist Mai, und während der nächsten zwei Wochen füllen sich die Honigräume in den Bienenstöcken kontinuierlich. Durch das Überangebot an Rapsfeldern in vielen Landstrichen ist Raps die Haupttracht des Jahres. Dabei hat die Honigbiene übers Jahr verteilt grundsätzlich die Auswahl zwischen zwei Rohstoffquellen: Nektar und Honigtau. Der Nektar steht von Frühling bis Sommer zur Verfügung, der Honigtau erst ab Hochsommer, wenn er von verschiedenen Läusearten produziert wird (→ Kasten). Dementsprechend spät im Sommer kann er von der Biene geerntet und zu dunklem Waldhonig verarbeitet werden.

Aus über 200 000 Blüten holt sich ein Bienenvolk pro Tag den Nektar. Um ein Kilogramm Honig produzieren zu können, müssen die Flugbienen bis zu sechs Millionen Blüten besuchen. Je nach der Fülle des Nektarangebots legt die Sammelschar eines Bienenvolks die unglaubliche Strecke von 40 000–120 000 Flugkilometern zurück. Das entspricht ein bis drei Erdumrundungen!

Ist die Honigzelle verdeckelt, ist das für den Imker ein klares Zeichen, dass der Honig geerntet werden kann.

Vom Nektar zum Honig

Sind Sammelbienen voll beladen, transportieren sie mehr als die Hälfte ihres Körpergewichts. Sie saugen den Honigrohstoff, den Nektar, mit ihrem Rüssel auf, und damit beginnt auch schon die Verarbeitung zum süßen Gold. Denn in der Honigblase wird durch die vorherige Beimischung von Enzymen der gesammelte Nektar verarbeitet. Im Bienenstock angekommen, übergeben sie den gespeicherten Honig von Rüssel zu Rüssel an ihre Kolleginnen im Stock. Im Bie-

Wussten Sie schon, dass ...

... ES AUCH OHNE BLÜTEN HONIG GIBT?

Es ist der Wald- oder Blatthonig, der aus Honigtau – den Ausscheidungen von Blattläusen, Rindenläusen und Zikaden – entsteht. Diese Insekten saugen an Bäumen den zuckerhaltigen Pflanzensaft, verändern ihn und scheiden ihn wieder aus. Bienen sammeln diesen Honigtau und wandeln in ihn Honig um. Je nachdem, von welcher Baumart der Honigtau stammt, hat der Honig einen speziellen Geschmack. Waldhonig ist besonders reich an Enzymen und Mineralien. Er enthält ätherische Öle, die vor allem bei Bronchialerkrankungen helfen. Und nebenbei schmeckt er auch noch ganz fantastisch.

nenvolk wiederholt sich dieser Vorgang noch mehrmals von Arbeiterin zu Arbeiterin. So verliert der anfangs noch sehr flüssige Honig den hohen Wassergehalt und wird weiterhin mit Enzymen veredelt, bevor er in die Waben eingelagert wird. Der Feuchtigkeitsgehalt (Wasser plus andere Flüssigkeiten) liegt im Idealfall bei 18–20 Prozent, je nach Honigsorte. Das macht den Honig lagerfähig. Enthält er zu viel Feuchtigkeit, würde durch die von Natur aus enthaltenen Hefen bald ein Gärungsprozess einsetzen.

Vor der Entnahme des Honigs prüft der Imker den Wassergehalt mit der Spritzprobe, indem er eine Wabe mit einem kurzen Ruck in Richtung Boden schüttelt. Spritzt der Honig heraus, ist er noch nicht reif und muss noch in den Waben bleiben. Fortan kümmern sich die Bienen wieder um den Reifeprozess, indem sie den Honig weiter umverteilen und durch Schlagen mit ihren Flügelchen die feuchte Luft im Bienenstock durch trockene Außenluft ersetzen und dem Honig so mehr Wasser entziehen. Ist der Honig reif zur Einlagerung, verdeckeln die Bienen die Wabenzellen mit einer dünnen Wachsschicht. Viele Imker benutzen für die Messung des Wassergehalts ein sogenanntes Refraktometer. Damit kann man den prozentualen Wassergehalt des Honigs ganz genau ermitteln.

Die Inhaltsstoffe

Woraus besteht Honig eigentlich? Mit ca. 80 Prozent dominiert Zucker den Lebenssaft der Biene. Dazu kommen ca. 17 Prozent Wasser und ca. 3 Prozent Proteine, Enzyme, Aminosäuren, Mineralstoffe, Vitamine sowie Farb- und Aromastoffe. Diese wertvollen Zugaben bewirken, dass der Honig haltbarer

 DIE BIENE

> In der Mythologie wurde Zeus als Säugling vor seinem Vater Kronos auf Kreta versteckt. Dort fütterten ihn die Nymphe Melitta mit Honig und die Nymphe Almatheia mit Ziegenmilch.

wird. Es entstehen Stoffe, die das Wachstum von Bakterien hemmen. Die beigemischten Enzyme bewirken auch eine Veränderung der Zucker, die im Blütensaft enthalten sind. Es entstehen besondere Zuckerarten, die nur im Honig zu finden sind.

Der hohe Zuckergehalt versorgt die Bienen in den harten Wintermonaten mit Energie und ist daher für ihren Fortbestand maßgeblich. Doch Zucker ist nicht gleich Zucker. Honig enthält hauptsächlich die Einfachzucker Fruktose (Fruchtzucker) und Glukose (Traubenzucker) sowie in geringeren Mengen den Zweifachzucker Maltose, den Dreifachzucker Melezitose und einige andere Zuckerarten. Weil Honig besonders viele Einfachzucker enthält, die vom menschlichen Körper rasch verarbeitet werden können, ist er ein schneller, aber schonender Energiespender. Gerade für Sportler und körperlich arbeitende Menschen ist Honig deshalb eine perfekte Powernahrung. Zweifachzucker dagegen, etwa Rübenzucker (Saccharose), muss vom Körper aufgespalten werden, um als Energieträger genutzt werden zu können. Das hat eine stärkere Belastung der Verdauungsorgane zur Folge.

Die Heilkraft des Honigs

Seit Jahrtausenden schätzen Menschen die heilsame Wirkung des Honigs, und auch in der Volksmedizin ist schon seit Langem bekannt, dass Honig in vielen Fällen die Genesung unterstützen kann. In der Wundheilung wird Honig aufgrund seiner entzündungshemmenden Eigenschaften bei Schwellungen, lokalem Schmerz und erhöhter Temperatur eingesetzt. Weil Honig das Wachstum von Fibroblasten (kollagenbildende Zellen) fördert, sorgt er dafür, dass Wunden gleichmäßig heilen, und reduziert die Narbenbildung. Aufgrund seiner antibakteriellen Wirkung ist Honig außerdem für die Zähne bei Weitem nicht so schädlich wie z. B. Rübenzucker. Er unterstützt durch Inhaltsstoffe wie Kalzium und Phosphor sogar den Aufbau von Knochen und Zähnen. Mittlerweile weiß auch die moderne Medizin die Heilkraft des Honigs zu schätzen: Seit einigen Jahren ist europaweit ein Honigprodukt unter der Bezeichnung »Medihoney« zugelassen. Es wird vornehmlich bei Brandwunden und bei der allgemeinen Wundversorgung in Krankenhäusern eingesetzt. Als Heilmittel darf Honig allerdings nicht bezeichnet werden, da es nach geltendem deutschen Recht verboten ist, für die Heilwirkung von Lebensmitteln zu werben.

Wird der Honig ein paar Tage nach der Ernte gerührt, bleibt er zähflüssig.

Florentiner mit Honig

FÜR CA. 42 STÜCK:
60 g Honig * 40 g Sahne * 50 g Butter * 200 g Mandelstifte * 100 g Zartbitterschokolade

1. Die Florentiner-Masse herstellen
Den Honig, die Butter und die Sahne in einem Topf unter ständigem Rühren bei mittlerer Hitze sanft einkochen lassen. So lange rühren, bis die Masse dickflüssig wird. Dann die Mandelstifte hinzugeben und die Masse noch einmal kurz rühren.

2. Die Florentiner backen
Dann die Masse etwas abkühlen lassen und anschließend auf einem mit Backpapier ausgelegtem Backblech glatt streichen. Die Fläche sollte ungefähr die Größe eines DIN-A4-Blatts haben. Anschließend die Masse bei 180 °C im Backofen ca. 20 Minuten backen. In der Zwischenzeit die Schokolade hacken und in einem Topf im Wasserbad schmelzen lassen.

3. Mit Schokolade verzieren
Die abgekühlten Florentiner mit einem scharfen Messer in kleine Rechtecke schneiden. Die einzelnen Florentiner mithilfe einer Gabel vorsichtig in die flüssige Schokolade tauchen, sodass die Unterseite und die Ränder mit Schokolade überzogen werden. Auf ein Gitter legen und trocknen lassen.

Sofort genießen oder die Florentiner in ein altes Einweckglas legen und ein hübsches Bändchen darum herumbinden – fertig ist ein leckeres Mitbringsel!

 DIE BIENE

Die europäischen Bienenrassen

Mit wissenschaftlichen Namen heißt die Europäische oder Westliche Honigbiene Apis mellifera. Von ihr gibt es wiederum 25 Bienenrassen, die sich leicht unterscheiden und alle in Europa heimisch sind.

Vor allem vier Bienenrassen sind bei uns heute von Bedeutung: die Carnica- oder Kärntner-Biene, die Buckfast-Biene, die Nordbiene, aufgrund ihrer Färbung auch »Nigra« genannt, sowie die Ligustica- oder Italiener-Biene. Ein Profi erkennt mit einem Blick, um welche Rasse es sich handelt, als Laie stellt man die optischen Unterschiede jedoch erst nach genauerer Betrachtung fest. Für den Erwerbsimker steht meist der Honigertrag an erster Stelle. Aber auch Winterfestigkeit, Sanftmut, Volksstärke sowie die schnelle Frühjahrsentwicklung des Brutgeschäfts sind wichtige Kriterien. Nicht immer gern gesehen ist die Vermischung dieser Rassen, da einige Imker um die positiven Eigenschaften der langjährigen Zuchtergebnisse bangen.

* Die Carnica- oder Kärntner-Biene ist ursprünglich in den Regionen südlich der Alpen beheimatet. Sie ist die nördlichste Vertreterin der Balkan-Rassegruppen. Weil durch ihre enorme Volksstärke weitaus höhere Erträge an Honig erzielt werden als mit anderen Rasse, ist sie seit dem Zweiten Weltkrieg die im deutschsprachigen Raum häufigste Biene.
* Ab 1916 züchtete der deutsche Mönch Bruder Adam im englischen Kloster Buckfast die Buckfast-Biene aus verschiedenen europäischen Bienenrassen. So sicherte er das Überleben der Honigbiene in Großbritannien, nachdem ein durch ein Virus ausgelöstes Bienensterben fast alle Bienenvölker dahingerafft hatte.
* Die dunkle Nordbiene breitete sich als erste Honigbiene nach der Eiszeit vor ca. 10 000 Jahren von Südfrankreich in das Europa nördlich der Alpen aus. Heute findet man sie in kühleren Gebieten.
* Die Ligustica-Biene ist eine auf der italienischen Halbinsel natürlich entstandene Rasse. Sie ist sehr sanftmütig und verträgt sowohl warmes als auch kühles Klima.

Die Ligustica-Biene stammt aus dem Süden. Typisch: orange-gelbliche Filzbinden am Hinterleib.

Bienenrassen auf einen Blick

Die Carnica- oder Kärntner-Biene
ist gräulich braun behaart. Ihr dunkler lederbrauner Hinterleib trägt breite Filzbinden und einen hellen Ring. Sie ist sanftmütig, widerstandsfähig gegen Krankheiten und verträgt auch ein raueres Klima gut.

Die Buckfast-Biene
fällt durch die orangefarbene Filzbinde auf, wie sie auch die Ligustica-Biene hat. Die Rasse baut große Völker auf und bringt gute Erträge. Sie ist schwarmträge, und ihre Sanftmütigkeit ist in der Regel recht ausgeprägt.

Die Nordbiene
ist sehr dunkel gefärbt. Sie bildet große Völker, hat einen starken Sammeltrieb und ihr Schwarmtrieb ist eher gering. Sie ist robust und verträgt auch härtere und lange Winter sehr gut. Leider wurde sie weitgehend durch die Zucht der Carnica-Biene verdrängt.

 DIE BIENE

Wildbienen und andere Insekten

Mauerbiene, Hummel & Co. sind ebenso unentbehrliche Bestäuberinnen für Wild- und Kulturpflanzen wie die Honigbiene. Ein guter Grund, sie näher kennenzulernen und ihnen ein Quartier zu bieten.

Info

Wildbienen & Co. können Sie gut mit einem Insektenhotel in den Garten oder auf Balkon und Terrasse locken. Eine Bauanleitung steht auf Seite 120/121.

Natürlich steht für Imker die Honigbiene an erster Stelle. Trotzdem sollte man die Wildbienen nicht außer Acht lassen. Schließlich gibt es in Deutschland nur wenige Honigbienenarten, aber ca. 560 Arten von Wildbienen. Vor einigen Jahren wurde die Aktion »Wildbiene des Jahres« ins Leben gerufen, da Wildbienen wie die Honigbiene eine Schlüsselrolle in der Natur spielen.

Die meisten von ihnen sind Einsiedler- oder Solitärbienen, sie bilden also keine Völker. Zur Aufzucht ihres Nachwuchses graben sie Nester in den Sand oder Lehmboden oder nagen Brutröhren in altes Holz. Allerdings gibt es unter den Wildbienen auch Brut- und Sozialparasiten. So legen die Kuckucksbienen, ihrem Namensgeber gleich, ihre Eier in das bereits von anderen Wildbienen gebaute Nest und verweigern kategorisch den Bau von Eigenheimen.

Was die Bestäubungsleistung angeht, sind Wildbienen unverzichtbar. Sie bestäuben einen großen Teil der Blüten- und Ackerflächen und sind somit für die Sicherung von Ernteerträgen und das Überleben vieler Wildpflanzen verantwortlich. Viele Blütenpflanzen

Schon ab 2 °C suchen Hummelköniginnen eine Behausung für ihr neues Volk.

Ebenfalls eine emsige Nektarsammlerin: die gehörnte Mauerbiene

werden sogar ausschließlich von Wildbienen und Schwebefliegen angeflogen, wie z. B. der Hummel. Diese wohl bekannteste Vertreterin der Wildbienen ist wegen ihres starken Körperbaus und ihres langen Rüssels eine der effizientesten Bestäuberinnen. Einige Pflanzenarten, etwa die Taubnessel, werden sogar nur von Hummeln bestäubt.

Neben den Hummeln zählen zu den bekanntesten Wildbienen die Rote und die Gehörnte Mauerbiene. Die Weibchen der Roten Mauerbiene sind etwa 10 mm lang, die der Gehörnten Mauerbiene bis zu 16 mm. Beide kann man aufgrund ihres abgerundeten Hinterleibs schon mal mit einer kleinen Hummel verwechseln. Die Weibchen beider Arten tragen zwei nach vorn gerichtete Hörner auf dem Kopfschild, eine schwarze Gesichtsbehaarung und eine gelbrote Bauchbürste. Die Männchen besitzen lange Fühler und eine weiße Gesichtsbehaarung. Mauerbienen kann man an fast jedem Insektenhotel beobachten. Frühmorgens strecken sie ihre bärtigen Köpfchen aus den Nistlöchern, was sie wie ältere Herren am Fensterbrett aussehen lässt.

In einigen Obstanbaugebieten Europas wird heute ein reger Handel mit den Kokons der Roten und Gehörnten Mauerbiene betrieben, da sie besonders eifrige Bestäuberinnen sind und bereits bei Temperaturen von 4–5 °C fliegen, wenn die Honigbiene noch nicht einmal an einen Ausflug denkt.

Wildbienen fördern

Honig- und Wildbienen ergänzen sich in ihrer Bestäubungsleistung perfekt. Weit

Mit einem Insektenhotel im Garten ist die Bestäubung der eignen Obstbäume und Beerensträucher garantiert.

über 200 Wildbienenarten sind jedoch vom Aussterben bedroht und stehen auf der Roten Liste der gefährdeten Arten. Deshalb ist für ihren Fortbestand ebenso zu sorgen wie für den unserer Honiglieferanten. So mancher Imker bringt in der Nähe seiner Bienenstöcke deshalb ein Wildbienenhotel an – allerdings nicht nur, um die Wildbienen zu fördern: Angeblich soll der Konkurrenzdruck die Honigbienen zu stärkerem Honigeintrag animieren. Konkurrenz belebt das Geschäft!

 DIE BIENE

Die Biene und die Landwirtschaft

Monokulturen, so weit das Auge reicht, und kaum noch eine Biene summt: Die moderne Landwirtschaft bedroht vielerorts Bienen und andere Insekten. Dabei gibt es ökologische Alternativen.

> »Es ist besser, sagte ich mir, zur Biene zu werden in Unschuld, als zu herrschen mit den Herren der Welt.« Friedrich Hölderlin

Spricht man im Zusammenhang mit den Bienen von Agrarwirtschaft, sollte man klar zwischen bäuerlich geprägter Landwirtschaft und industrieller Agrarproduktion unterscheiden. Erstere ist symbiotisch mit den Bienen verbunden und sorgt dafür, dass sie nicht verhungern. Letztere bedroht Bienen massiv durch den Einsatz von Pestiziden und durch Monokulturen.

Bienen und die bäuerliche Landwirtschaft sind untrennbar miteinander verbunden. Der Bauer bietet den Bienen blühende Feldfrüchte und Obstkulturen als Futterquelle, im Gegenzug sorgen die Bienen für die Bestäubung. Das alte Wissen um die Kräfte der Natur sowie Respekt und Demut vor dem großen Ganzen waren immer essenzieller Bestandteil traditioneller Landwirtschaft. In der industriellen Agrarwirtschaft stehen dagegen Ertrag und Geld meist über der Ethik. Sie setzt oft auf gentechnisch verändertes Saatgut, auf den Einsatz von Pestiziden und auf Monokulturen. In den USA sind mittlerweile ganze Landstriche von Bienen entvölkert, was zum einen mit dem Einsatz von Spritzmitteln, zum anderen mit dem Anbau von Monokulturen zu tun hat. Ein Beispiel sind die Mandelplantagen in Kalifornien. Um diese Plantagen zu bestäuben, werden Bienenvölker Tausende Kilometer in Lastwagen quer durch das Land gefahren. Doch während die Bienen ihre Bestäubungsarbeit verrichten, werden sie massiv mit Pestiziden besprizt. So werden sie paradoxerweise als Nutztiere eingesetzt und gleichzeitig wie Schädlinge bekämpft. Leider bilden die Hersteller dieser Gifte und auch Gen-Saatgut-Monopolisten weltweit eine starke Lobby. In der Folge entstehen für Bienen und andere Insekten wertlose

Die Becherpflanze ist eine bienenfreundliche Alternative zum Maisanbau.

Die Biene und die Landwirtschaft

Der Maisanbau für Biogas entzieht vielen Insektenarten den Lebensraum.

Pestizide bedrohen Schädlinge wie Nützlinge und bedrohen die Lebensvielfalt.

Agrarflächen, und ihr Verschwinden wird in Kauf genommen.

In Europa regt sich mittlerweile Widerstand gegen die Agrarchemie – mit kleinen Erfolgen. So wurde die Zulassung für Mittel, die als Nervengift wirkende Neonicotinoide enthalten, auf EU-Ebene eingeschränkt und in Deutschland sogar ganz verboten.

Becherpflanze statt Mais

Dabei gibt es Alternativen, z. B. zu Mais-Monokulturen. Unsere Biogasanlagen haben unersättlichen Hunger nach nachwachsenden Rohstoffen. In der Folge explodierte der Maisanbau in den letzten Jahren mit all seinen negativen Folgen für die Bienen. Wissenschaftler fanden nun heraus, dass sich eine andere Pflanze auch bei uns bestens als Ersatz für den Biogas-Mais eignet: Die in Nordamerika beheimatete Becherpflanze *(Silphium perfoliatum)*. Der bis zu drei Meter hohe Korbblütler bietet anders als der Mais einen reich gedeckten Tisch für alle Pollen sammelnden Insekten. Schädlinge sind in Mitteleuropa nicht bekannt, und auch auf Herbizide kann verzichtet werden. Dazu verträgt die Pflanze Trockenheit und wirkt dank ihres tiefen Wurzelwerks der Bodenerrosion entgegen. Vorteile also auf der ganzen Linie!

# DIE BIENE

Das kann jeder tun!

Ob Bienenvolk auf dem Dach, Firmengarten, bienengerechte Bepflanzung oder der Kauf von regionalem oder fair gehandeltem Honig: Es gibt für jeden eine Möglichkeit, die Bienen zu unterstützen.

So ein begrüntes Dach ist ein Paradies für Bienen.

Ein Segen für Bienen, dass sich begrünte Dächer nicht übermäßig erhitzen.

Keine Frage: Unsere Bienen sind in Not, und ihnen muss geholfen werden. In Städten und Gemeinden wird mittlerweile tatkräftig dem Wohl von Bienen aller Art zugearbeitet. So werden Kreisverkehrinseln und ehemalige Grünanlagen bienengerecht bepflanzt. Auslöser für diese Entwicklung war unter anderem die Initiative »Deutschland summt!«. Sie zeichnet dafür verantwortlich, dass Stadtimkern die Möglichkeit gegeben wird, auf Dächern von Verwaltungsgebäuden, Opernhäusern oder Museen ihre Bienenstöcke aufzustellen. Die Initiative erstreckt sich mittlerweile über ganz Deutschland. Immer mehr Partnerstädte machen sich das Thema Biene mit allem, was dazugehört, zur Aufgabe. So werden Vorträge zum Schutz der Bienen gehalten, Schaugärten für Wildbienen kreiert, Tipps für Nisthilfen von Bienen gegeben und Veranstaltungen zum Thema »Naturschutz und Bienen« organisiert. Nicht weniger aktiv sind die Urban Gardeners. Diente diese Bewegung einst zur Sicherung der Grundernährung, so gilt urbanes Gärtnern heute auch als Statement zur Wiederbegrünung brachliegender Stadtlandschaften und öffentlicher Flächen. Es erlebte in den letzten Jahren einen starken Zustrom. Der Duft von Erde und Humus lockt die Großstädter reihenweise in Gärten, auf Balkone und in grüne Hinterhöfe. Das kollektive

Buddeln in der Erde lässt nicht nur Gemüse, Sträucher und Blumen, sondern auch Solidarität und soziales Denken wachsen.
In den 2000er-Jahren stylten schließlich einige junge Unternehmen als hippe Kampfansage gegen sterile Großfirmen ihre bis dahin ungenutzten Firmen-Außenflächen zu grünen Büroräumen um. Anfangs belächelt, haben sich inzwischen auch große Unternehmen die Idee und Vorteile der grünen Büros oder Firmengärten zunutze gemacht. Mittlerweile ist das »blühende Konferenzzimmer« mehr denn je ein unternehmerisches und ökologisches Statement. Diese Arbeitgeber sehen repräsentative, mitarbeiter- und umweltfreundlich gestaltete Außenräume als Teil ihrer Firmenphilosophie und bieten ihren Beschäftigten ein Arbeitsumfeld, in dem sie gerne arbeiten und gleichzeitig Energie schöpfen können. Die Prämierung des schönsten Firmengartens ist inzwischen ein Muss, will man als Firma innovatives Gedankengut und grüne Geschäftspolitik positiv nach außen transportieren. Die Biene freut das!
Im Land der unbegrenzten Möglichkeiten denkt man in Ballungsräumen wie New York noch einen Schritt weiter. Der Beton- und Glaswüsten müde, wehrten sich Bürger im Big Apple gegen den Abriss der 1934 gebauten Hochbahntrasse im Meatpacking District, dem ehemaligen Metzgerviertel der Stadt. In jahrelanger Arbeit wurde der Transportweg für Fleisch zum Erlebnisgarten umgestaltet. Heute ziehen die hängenden Gärten von New York Einheimische wie Touristen gleichermaßen an. 210 verschiedene Arten von Bäumen, Stauden und Büschen wurden

Sind öffentliche Grünflächen richtig bepflanzt, blüht es den ganzen Sommer.

in den inzwischen 1,6 Kilometer langen High-Line-Park gepflanzt. Der Hochtrassenpark dient der Stadt nicht nur als zusätzliche grüne Lunge, sondern den Bienenvölkern der Stadtimker als Nahrungsangebot.

Sympathie-Tier Biene

In der breiten Bevölkerung hat die Honigbiene ihren Siegeszug längst angetreten. Selbst in der Werbung dient sie als Model und steht für unverfälschte Reinheit, Sicherheit und Vertrauen. Ein Stück weit partizipiert daran auch der Imkerboom der letzten Jahre, die Verjüngung seiner Anwärterschaft und nicht zuletzt das Interesse der Menschen, sich für

DIE BIENE

die Bienen starkzumachen. So schmücken inzwischen Bienen- und Insektenhotels allerorts Gärten, und jeder erfreut sich am Getümmel der Kleinstlebewesen.
Selbst wer kein Insektenhotel aufhängt, kann zum Bienenwohl beitragen. Man lässt sich einfach von Bienen besuchen, indem man Garten, Terrasse oder Balkon bienengerecht bepflanzt und so den Bienen einen reich gedeckten Tisch bietet. In den meisten Gärtnereien und Pflanzengroßmärkten gibt es mittlerweile sogenannte Bienenweiden – ein Mix aus bienenfreundlichen Blumensamen. Rein damit in den Humus und schon kann's losgehen! Unkrautvernichtungsmittel und Insektizide sind selbstverständlich tabu. Und bei der Gartenarbeit gilt: Weniger ist hier oft mehr. Schaut man sich z. B. verwilderte Ecken im Garten oder wilde Wiesen genauer an, stellt man fest, dass es hier vor Leben nur so wimmelt. Diese Wildpflanzen sind Lebensgrundlage für viele Kleinstlebewesen, so auch für die Bienen. Genau solche Flächen sind es wert, erhalten zu werden. Bringen Sie also Samen und Setzlinge von Wildpflanzen im Garten aus und lassen Sie auch Beikräuter, die sich selbst angesiedelt haben, ruhig stehen. So schaffen Sie wertvolle Biotope für die Bienen.

Bienen machen Schule

Sogar viele Kindergärten und Schulen sind mittlerweile im Besitz eigener Bienenvölker. So wird Kindern verantwortungsvolles Denken im Umgang mit der Natur praktisch beigebracht. Die Arbeit mit dem Bienenvolk auf Augenhöhe fordert von den Kindern viel Konzentration und Durchhaltevermögen. Doch spätestens wenn der goldene Honig fließt, sind aus den Schülern kleine Imker geworden.
Viele Imker- und Bienenzuchtvereine unterstützen die starke Nachfrage und bieten meist ehrenamtlich Seminare, Kurse und Führungen an. Kaum ein Teilnehmer kann sich der faszinierenden Welt der Bienen entziehen und lernt so die Zusammenhänge zwischen Mensch und Natur besser kennen.

Bienenfreundlicher Einkauf

Von hellem Klee- und Rapshonig bis zum dunklen Tannenhonig, von streichfest bis flüssig reicht die Palette der Honigsorten. Wie ein Zwerg im Land der Riesen steht man

Tauchen Kinder in die Welt der Bienen ein, sehen sie die Natur mit anderen Augen.

so manches Mal überfordert vor der schier endlosen Auswahl im Supermarkt. Doch es empfiehlt sich, genau hinzusehen. Denn je nach Herkunftsland, allen voran China und Mexiko, werden trotz Verbot dem Honig Zusatzstoffe wie Zucker beigemischt, um die Menge zu strecken. Auch allzeit flüssiger Honig, ausgenommen Akazienhonig, hat mit seinem natürlichen Ursprung so gut wie nichts mehr gemein: Damit der Honig nicht kristallisiert, wird er übermäßig erhitzt, sodass viele wichtige Enzyme und Vitamine vernichtet werden. Ein absolutes »No Go« ist Honig, der Pollen von gentechnisch veränderten Pflanzen enthält. Es ist jedoch schwierig, den Überblick zu behalten. So sind auch EU-Erzeugnisse kein Garant für genfreie und unbelastete Lebensmittel.

Wer qualitativ hochwertigen Honig will, sollte deshalb folgende Punkte beachten:

* Testergebnisse zeigten, dass unbelasteter Honig hauptsächlich aus deutschsprachigen Ländern bzw., wenn er aus dem Ausland kommt, aus fairem Handel stammt.
* Am besten kauft man unbehandelten Honig aus der heimischen Region. Dieser enthält die Wirkstoffe von Blüten aus der eigenen Umgebung, man vermeidet lange Transportwege und überflüssigen CO_2-Ausstoß, und der Gesetzgeber achtet hierzulande auf die Einhaltung festgelegter Richtlinien für den Honig.
* Stammt der Honig aus dem Ausland, empfiehlt der Bundesverband »Die Verbraucher Initiative« »Fairtrade«-Produkte. Dieses Label garantiert den Honigproduzenten einen fairen Preis, und die Umweltstandards verbieten genmanipulierte Pflanzen.

Wärmespeichernde Hauswände schaffen ein Mikroklima für Pflanzen und Insekten.

Erst einmal entdeckt, werden Insektenhotels jedes Jahr von Neuem genutzt.

# DIE BIENE

Damit es über allen Dächern summt

Corinna Hölzer und Cornelis Hemmer haben die Initiative »Deutschland summt!« gegründet. Nur gut vier Jahre nach der Gründung 2010 machen bereits 10 Städte und Gemeinden mit.

* Was war Ihre Motivation zur Gründung von »Deutschland summt!«?

C. Hölzer & C. Hemmer: Einer der Schwerpunkte unserer Stiftungsarbeit ist die Stärkung von Stadtnatur und Artenvielfalt. Mitte 2010 hatten wir eine Idee. Wenn es möglich ist, so unsere Überlegung, Honigbienenvölker auf Dächer von Rathäusern, Kirchen, Museen, Konzerthallen, Bildungseinrichtungen usw. zu stellen, dann können wir bei den Hausherren und ihren Mitarbeitern, aber auch über die Medien die breite Bevölkerung auf die Bedeutung der Bestäuberinsekten in der Stadt und auf dem Land aufmerksam machen. Die Initiative startete im Frühjahr 2011 in Berlin, München und Frankfurt am Main. Schnell war klar, dass auch andere deutsche Städte summen wollten – »Deutschland summt!« war geboren.

* Ist trotz des großen Bienensterbens ein positiver Trend für die Bienen erkennbar?

C. Hölzer & C. Hemmer: Das Bienensterben ist ein weltweites Problem. Sowohl Honig- als auch Wildbienen sind von Pestiziden, Futterknappheit, Krankheiten und Lebensraumverlust bedroht. Viele Wildbienenarten sind sogar vom Aussterben bedroht. Warum ist das so? Wildbienen brauchen, anders als Honigbienen, drei Dinge in einem Radius von unter 400 Metern: Zum Ersten benötigen sie einen Ort für ihre Nachkommen wie Pflanzenstängel, Totholz oder Mauerspalten. Auch unbearbeitete Böden sind wichtig. Schließlich leben von den 750 in Mitteleuropa nachgewiesenen Bienenarten zwei Drittel im Erdboden und bauen dort ihre Brutnester. Weil die Böden in unseren Kulturlandschaften aber intensiv bearbeitet werden, werden die Erdgänge dieser Bienen ständig zerstört. Zum Zweiten brauchen Wildbienen Nistmaterial wie Pflanzenhaare, Blattstückchen oder

Wir versuchen mit positiven Emotionen zu überzeugen, Sachverhalte leicht verständlich zu vermitteln, konkrete Beispiele zu nennen und andere mit unserer Begeisterung anzustecken!

»Wir wollen Menschen im direkten Gespräch überzeugen und zum Mitmachen ermutigen. Ganz nach dem Motto: »Bienenschutz ist nicht allein Aufgabe von Artenschützern, und Honigbienenschutz ist nicht allein Aufgabe der Imker bzw. Imkerinnen!«

Mit bienenfreundlichen Blumenmischungen statt Beton oder Einheitsgrün finden Honig- und Wildbienen wieder mehr Nahrung. Schließlich ist die Hälfte der Wildbienenarten in Europa auf bestimmte Pflanzenarten spezialisiert. Fehlen diese, fehlen auch die Bienen.

Auch das ist ein Schritt zum Bienenschutz: Die Produktion von Lebensmitteln in unmittelbarer Nachbarschaft der Großstädte oder in den Städten selbst. Zahlreiche Urban-Gardening-Projekte gehen mit gutem Beispiel voran.

Steinchen. Und zum Dritten brauchen sie Pollen für die Larven. Hier sind die Wildbienen oft auf einzelne Pflanzenfamilien spezialisiert. Die Glockenblumen-Sägehornbiene geht z. B. nur auf Glockenblumen.

* Gibt es in absehbarer Zeit Chancen, Agrar- und Chemiekonzerne und ihre Produktion bienen- und insektenfeindlicher Chemie in die Schranken zu weisen?

Das kommt wohl auf uns alle an! Solange wir nicht deutlich unseren Fleischkonsum reduzieren und den Öko-Landbau fördern, werden Landwirte Pestizide für ihre Monokulturen einsetzen müssen. Da täglich artenreiche Blühwiesen in Äcker umbrochen werden, um darauf Futterpflanzen für Nutztiere anzubauen, müssen wir uns nicht über den Rückgang der Bienen wundern. Auf der anderen Seite hat das Interesse am Thema Bienen in der Öffentlichkeit stark zugenommen. Unsere Stiftung hat als erste Nichtregierungsorganisation mit »Deutschland summt!« die Wildbienen in den Mittelpunkt des Interesses gestellt. Mit der wachsenden Sympathie für Wildbienen & Co. rückte der Schaden, den wir Tieren, Pflanzen, Lebensräumen und uns Menschen zufügen, stärker ins Bewusstsein. Viele Menschen engagieren sich heute, indem sie Nisthilfen schaffen, Bienengärten anlegen oder vermehrt Öko-Produkte kaufen.

DER ANFANG ALS IMKER

VOLLER UNGEDULD STEHT DER NEUIMKER IN DEN **STARTLÖCHERN**. DOCH UM DEN ANSPRÜCHEN DER BIENEN GERECHT ZU WERDEN, GIBT ES ZUNÄCHST EINIGES ZU LERNEN. SCHLIESSLICH WAGT MAN SICH MITHILFE EINES **BIENENPATEN** AN SEIN ERSTES VOLK. EINMAL IN IHREN BANN GEZOGEN, KANN MAN SICH DER **FASZINIERENDEN WELT** DER BIENEN NICHT MEHR ENTZIEHEN. EINE FREUNDSCHAFT FÜRS LEBEN.

DER ANFANG ALS IMKER

Ein Blick in die Geschichte

Die Geschichte von Mensch und Biene sind eng miteinander verflochten. Denn die Menschen entdeckten schon früh den Wert von Honig und Wachs und begannen schließlich, Bienen zu halten.

Die nach heutigen Erkenntnissen älteste Honigbiene der Welt wurde in einem versteinerten Harztropfen eingeschlossen gefunden. Seit ungefähr 90 Millionen Jahren steckt sie darin fest und tritt so den Beweis an, wie lange die Gattung der Honigbienen bereits auf der Erde existiert – Wissenschaftler schätzen, seit rund 100 Millionen Jahren.

Diese Honigbiene in Bernstein beweist die lange Existenz dieser völkerbildenden Insekten auf der Erde.

Im Vergleich dazu können wir Menschen nur auf eine fast lachhaft kurze Zeitspanne zurückblicken: Die Gattung Homo existiert seit zwei bis drei Millionen Jahren, der moderne Mensch sogar erst seit etwa 200 000 Jahren. Die Menschen haben den Wert der Honigbiene rasch erkannt. Etwa 12 000 Jahre alte Felsmalereien aus Spanien beweisen, dass sie schon damals Honig sammelten. Doch nicht nur der Honig war damals als Energielieferant gefragt, sondern die Bienenbrut stellte eine eiweißreiche Nahrungsquelle dar. So bequem wie heute kam man damals allerdings nicht an die süße Verlockung heran. Mit viel Geschick wurde der Honig aus Baum- und Felsenhöhlen geraubt – was mit zahlreichen Stichen quittiert wurde, weil sich der Räuber Mensch ja noch nicht mit einem Bienenschleier schützen konnte.
Als die Menschen das Nomadentum aufgaben und zu Ackerbau und Viehzucht übergingen, brachten sie auch Bienenvölker in die Nähe ihrer Behausungen. Lange Zeit vermutete die Wissenschaft, dass der Ursprung der Bienenhaltung im alten Ägypten lag. Ausgrabungen in den 1950er-Jahren zeigten jedoch, dass die Imkerei auf dem Gebiet der heutigen Türkei bereits in der Jungsteinzeit stattfand. Die Ägypter kultivierten die Bienenhaltung vor ca. 6000 Jahren. Ihre erste Hochzeit erlebte die Imkerei in Ägypten

Wussten Sie schon, dass ...

... SCHON DIE ALTEN ÄGYPTER PROPOLIS NUTZTEN?

Das von den Bienen gefertigte Propolis wurde von den Ägyptern zur Mumifizierung eingesetzt:
Bienen konservieren mit Propolis Fressfeinde, die sie aufgrund ihres Gewichts nicht aus dem Bienenstock transportieren können. So werden Krankheitserreger vom Bienenvolk ferngehalten.
Dies nahmen sich die alten Ägypter zum Vorbild. Sie balsamierten ihre Toten mit Propolis ein und konservierten die Mumien mit diesem antiviralen Stoff für die Nachwelt. Außerdem verwendeten sie Propolis zur Wundheilung.

um 3000 v. Chr. Die alten Ägypter lieferten auch den ersten sicheren Nachweis der Bienenhaltung mit Beuten in Form von Tongefäßen. Verschiedene Reliefs zeigen Imker bei der Arbeit an künstlichen Bienenbehausungen. Sogar die ersten Wanderimker waren auf dem Nil unterwegs.
Denn Tränen des Sonnengottes Ra, so sahen es die alten Ägypter, fielen auf die Erde und verwandelten sich in Bienen. Deshalb wurde die Biene als ein heiliges Wesen verehrt, und Honig galt als Speise der Götter und Quelle der Unsterblichkeit. Honig wurde mit Gold aufgewogen. Ein Topf entsprach dabei dem Wert eines Esels oder gar eines Rinds, und der Diebstahl von Honig wurde mit dem Tod bestraft. Die Biene wurde zum Wappentier des alten Ägyptens auserkoren und neben der Binse zur Königshieroglyphe erklärt, die seit der ersten Dynastie dem Königsnamen vorangestellt wurde. Wörtlich übersetzt bekam der Thronname des jeweiligen Pharaos die klangvolle Einleitungsformel: »Welcher, der zur Binse und zur Biene gehört«.

Die Bienenhaltung bei Griechen und Römern

Auch die alten Griechen wussten Honig als Nahrungs- und Heilmittel zu schätzen. Bienen galten als Boten der Götter und Honig als Quelle der Weisheit. Aristoteles stellte sogar wissenschaftliche Studien über Bienen an. Seine Erkenntnisse waren auch für die Imker im alten Rom eine wichtige Grundlage. Dort erlangte die Imkerei eine so große Bedeutung, dass es in der römischen Kaiserzeit für vornehme Römer einfach dazugehörte, eine Imkerei zu besitzen, um Gäste mit eigenem Honig bewirten zu können.

DER ANFANG ALS IMKER

Europa entdeckt die Biene

Die Zeidler mussten den Honig noch mühsam sammeln. Die ersten Imker nutzten Bienenkörbe und Klotzbeuten, und schließlich entwickelte sich Schritt für Schritt die moderne Imkerei.

> Napoleons Krönungsmantel schmückten goldene Bienen. So wollte er an die Tradition der französischen Monarchie anknüpfen, die die Biene als Machtsymbol verwendete.

In Europa fand die Imkerei in der freien Natur ihren Anfang. Während die Bienen sich in mittleren und nördlichen Breitengraden hohle oder morsche Bäume als Behausung suchen, bevorzugen sie in südlichen Gefilden auch Felsspalten. Diese Behausungen waren meist nicht in der unmittelbaren Nähe der Menschen zu finden, und so mussten die Honigsammler auf Wanderschaft gehen, um an den Honig zu kommen. Man nannte sie »Zeitler« oder »Zeidler«, abgeleitet vom slawischen Wort »zidaln«, was so viel wie »Honigwaben ausschneiden« bedeutet. Ähnlich dem Jagdrecht heute wurde im Jahr 1350 von Kaiser Karl IV. das Zeidlerrecht vergeben. Die Zeidler erhielten bestimmte Privilegien. Um sich zu schützen, war es ihnen zum Beispiel erlaubt, eine Armbrust zu tragen. Denn ihr Beruf war nicht ganz ungefährlich, da man neben schmerzhaften Stichen mangels guter Schutzkleidung auch mit wilden Tieren wie Bären rechnen musste. Da der Aufwand des Honigsammelns aber irgendwann nicht mehr in Relation zur Bezahlung stand, sägte man die Baumhöhlen aus den Stämmen und siedelte die Bienen an leicht zugänglichen Orten an. So entstand die Klotzbeute – eine Beute in einem ausgehöhlten Baumstamm –, und aus den Zeidlern wurden Imker. Lange gab es beide Berufe nebeneinander. Doch die Tage der Zeidler waren gezählt. Denn als große Teile der Waldgebiete Westeuropas gerodet wurden, verloren die Zeidler ihre Arbeitsgrundlage.

Entwicklung der Beuten

Später gingen die Imker von der schweren Klotzbeute zum leichteren Strohkorb über. An Stroh mangelte es nicht, und man konnte die Körbe beliebig erweitern. Um das geflochtene Stroh zu fixieren und witterungsbe-

Wie Zeidler vor Jahrhunderten ihren Honig ernteten, war nicht ungefährlich.

Erst ab dem 19. Jh. wechselte man von der Korb- langsam zur Magazinimkerei.

Solche Bienenkästen mit Strohwänden und Deckel wurden bis 1945 benutzt.

ständig zu machen, wurden die Beuten mit Lehm oder Kuhdung verputzt. Zur Steigerung des Honigertrags banden die Imker die Beuten in Tücher ein und gingen damit auf Wanderschaft zu den blühenden Trachten. Schließlich entdeckte man, dass Bienen ihre Waben auch in Holzrahmen bauen. Diese Rahmen kann man in die Beute stecken und bequem wieder herausnehmen – ein Vorteil gegenüber den Klotz- und Strohbeuten, in denen die Waben fest sitzen.

Seit der Entdeckung des Rübenzuckers vor etwa 200 Jahren verlor die Imkerei langsam an Bedeutung, denn Bienenhonig war nicht mehr die einzige Süßquelle. In den 1970er-Jahren fing man dann in Deutschland an, von den ortsfesten »Hinterbehandlungsbeuten« – von hinten zu öffnende, häuschenähnliche Beuten – zu mobilen Magazinbeuten zu wechseln. Diese bestehen aus stapelbaren, leicht zu transportierenden Kästen. Von nun an war es für jeden Imker ein Leichtes, mit seinen Bienenstöcken Blütentrachten »anzuwandern« und Trachtausfälle zu vermeiden. Der jährliche Honigertrag pro Bienenvolk hat sich seither nahezu verdreifacht. Erst in der Neuzeit realisierte man, dass durch die Bestäubungsarbeit der Wanderimkerei auch der Obst- und Gemüseertrag gesteigert wird. Der negative Aspekt ist jedoch, dass sich durch die Wanderimkerei Krankheiten und Parasiten leichter verbreiten.

DER ANFANG ALS IMKER

Erst einmal die Schulbank drücken

Als Einstieg empfiehlt sich ein Imkerkurs. Spannend ist er von Anfang an. Zum Schluss weiß man viel und kann nichts. Ist aber nicht weiter schlimm: Das Können kommt mit den Jahren und mit der Praxis.

Wer zum Freizeitspaß imkert, sollte den Ehrgeiz, einen möglichst hohen Ertrag zu erzielen, hintenanstehen lassen. Viel spannender ist es, sich ganz auf die Welt der Bienen einzulassen. Es braucht natürlich seine Zeit, bis man das System der Bienenhaltung verinnerlicht hat, und das ist auch gut so. Immerhin betreut man als Imker Zehntausende von Lebewesen. Das gilt sowohl für den Oldschool-Imker als auch für den Urban-Bee-Keeper. Fakt ist, dass wegen des Befalls durch die Varroamilbe (→ Seite 106–107) kein Bienenvolk ohne die Fürsorge des Menschen auch nur einen Winter überleben könnte. Damit das gelingt, sollte man sich etwas Wissen über die Thematik aneignen.

Vielerorts bieten Imkervereine günstige oder sogar kostenlose Imkerkurse an, bei denen man im Lauf eines Bienenjahrs durch alle Bereiche der Bienenhaltung geführt wird. Meist beginnen diese Kurse im Januar und gehen im Herbst, mit der Winterruhe der Bienen, zu Ende. Der theoretische Teil findet meist in den Räumen der Kursanbieter statt, der praktische Teil am Lehrbienenstand. Die Aufregung ist groß, wenn man zum ersten Mal in die offene Beute eines Biens blickt und das Summen und den Duft in sich aufnimmt. Schnell bemerkt man, dass sich die Theorie in der Praxis oft anders gestaltet, als man sich das wünscht. Die Bienen stehen nämlich nicht still, an manchen Tagen sind sie sogar sehr agil. Das liegt daran, dass sie den Imker als Honigräuber wahrnehmen. Jedoch lernt man rasch, dass eine ruhige Arbeitsweise für beide Seiten besser ist und schneller zum Ziel führt als Hektik. Vor oder während des Imkerkurses sollte man sich nach einem Imkerpaten umsehen. Dieser begleitet den Jungimker durchs erste Jahr. Wenn man die ersten Male völlig überfordert vor seinem Bienenvolk steht und nicht weiterweiß, tut es gut, einen erfahrenen Mentor neben sich zu haben.

Eine ruhige Arbeitsweise verhindert, dass die Bienen auffliegen.

Lernen vom Profi: Die teils verdeckelte Honigwabe ist bald reif zum Schleudern.

Die ersten Schritte

Sobald Sie die nötigen Papiere (→ Seite 46) und die Grundausrüstung (→ Seite 48–53) beschafft haben, ist es Zeit, sich nach einem Bienenvolk umzusehen. Gut geeignet ist die Zeit von April bis Ende Juli. Am einfachsten bittet man den Imkerpaten um einen Ableger. Schlägt dies fehl, ist da noch der Bienenverein mit seinem Netzwerk. Klappt auch das nicht, sucht man im Annoncenteil von Imkerzeitschriften eine Imkerei in der Nähe und kauft eine Königin mit kleinem Volk. Da es dem Anfänger an Erfahrung fehlt, sollte immer eine Person mit Kenntnissen über Bienen beim Kauf zugegen sein. Kaufen Sie nur bei einem seriösen Imker, der jedem Volk ein Gesundheitszeugnis beilegt!

Die Preise für ein Bienenvolk unterliegen starken Schwankungen. Ein Ableger kostetet ca. 40 Euro, ein Wirtschaftsvolk 150 Euro. Zur Abholung nimmt man eigene Beuten mit. Vom Imker bekommt man dann einige Waben mit dem neuen Volk und hängt sie in die Beute. Damit die besetzten Rähmchen beim Transport nicht verrutschen, nimmt man ausreichend leere Rähmchen mit, um den Spielraum auszugleichen. Ein Flugkeil aus feinmaschigem Gitterdraht verschließt das Flugloch, sorgt für eine ausreichende Luftzufuhr und verhindert ein »Verbrausen«, also das Ersticken und Überhitzen der Bienen. Spanngurte zum Fixieren der Beute sind für den Transport unabdingbar. Zu Hause sollte der neue Bienenstandplatz vorbereitet sein. Dort sollte die Morgensonne die Frontseite der Beuten erwärmen, und die Beuten sollten über Mittag leicht beschattet sein. Dem Neuimker werden meist drei Bienenvölker empfohlen. Somit ist die Pflege und Durchsicht des Biens überschaubar. Die Durchsicht sollte vom Frühjahr bis zum Herbst etwa alle sieben bis neun Tage stattfinden und nimmt für drei Völker etwa eine Stunde in Anspruch.

DER ANFANG ALS IMKER

Und jetzt kommt der Papierkram

Wer Bienen hält, muss dies anmelden und darüber Buch führen. Doch die Mühe lohnt sich: Zum einen gibt es finanzielle Unterstützung, zum anderen behält man immer im Blick, wie es den Bienen geht.

Info

Die Kosten für eine Beute mit Honigraumgitter, Deckel, Wetterschutz und Rahmen belaufen sich auf ca. 150–200 Euro. Für Anfänger empfiehlt sich der Gebrauchtmarkt.

Unabhängig von der Mitgliedschaft in einem Imkerverein besteht für jeden Imker in Deutschland eine Meldepflicht gegenüber dem Veterinäramt, sobald er mit der imkerlichen Tätigkeit beginnt. Zuvor beantragt man eine Betriebsnummer beim Amt für Ernährung, Landwirtschaft und Forsten. Anschließend stellt man beim Veterinäramt den erforderlichen Antrag für eine Registriernummer, welche aus einer Schlüsselnummer und der Betriebsnummer besteht. Dem Veterinäramt sind bei der erstmaligen Registrierung der Standort der Beuten, eventuell die Flurkartennummer, eine Lagebeschreibung und die Anzahl der dort aufgestellten Bienenvölker mitzuteilen. Die Flurkarte, auch Katasterkarte genannt, bekommt man bei der Gemeinde. Um beim Auftreten meldepflichtiger Krankheiten wie z. B. der Amerikanischen Faulbrut schnell und zielgerichtet einen Aktionsplan erstellen zu können, muss dem Veterinäramt auch die Anzahl der Bienenvölker mitgeteilt werden. Wechselt man den Standort um mehr als drei Kilometer, muss auch das gemeldet werden, ebenso, wenn sich die Völkerzahl stark ändert.

Auch als Hobbyimker ist es ratsam, eine Haftpflichtversicherung abzuschließen. Manche Versicherungen bieten im Rahmen eines erweiterten Privathaftpflichtvertrags Versicherungsschutz für Imker an. Aber auch als Mitglied im Imkerverein bekommt man meist eine Versicherung.

Für jeden Imker ist außerdem das Führen einer sogenannten Stockkarte pro Bienenvolk Pflicht. Man bekommt sie bei Imkervereinen oder lädt sie aus dem Internet herunter. Man kann aber auch selbst eine Stockkarte in Form einer Tabelle anlegen. In die Stockkarte werden unter anderem folgende Besonderheiten des Bienenvolks eingetragen:

Bei der Kontrolle durch das Veterinäramt muss der Imker Stockkarten seiner Bienenvölker vorweisen können.

- Weiselrichtigkeit (ob eine Königin im Volk vorhanden ist)
- Alter und Herkunft der Königin
- Durchführung von Behandlungen gegen die Varroamilbe
- Auffälligkeiten, ob z. B. Spielnäpfchen (kugelige Aufbauten auf den Waben) oder Weiselzellen (Waben, in denen eine Königin herangezogen wird) vorhanden sind
- Vitalität des Bienenvolks
- Einfütterung (Winterfütterung nach der letzten Honigentnahme) und vieles mehr

Da man meist nur einmal pro Woche nach den Bienen sieht, ist die Dokumentation der Vorkommnisse, Veränderungen sowie Eingriffe im Bienenvolk sehr praktisch – man verliert sonst schnell den Überblick.

Sollte man sich als Imker entscheiden, mehr als 25 Völker zu bewirtschaften, gilt das Imkern als gewerbsmäßig, und man ist in der landwirtschaftlichen Berufsgenossenschaft versicherungspflichtig. Man wird besteuert, auch wenn man nur im Nebenerwerb imkert. Als Vollerwerbs- oder Berufsimker ist man Landwirt und unterliegt den Gesetzmäßigkeiten dieses Berufsstands.

Man kann solche vorgedruckten Stockkarten verwenden, aber genauso gut auch eigene anfertigen.

Kosten und Fördermittel

Das für das Imkern notwendige Inventar kann je nach Völkeranzahl beträchtliche Geldsummen verschlingen. Um Bienenhalter, ob nun professionell oder im Hobbybereich, nicht gleich in den finanziellen Ruin zu treiben, bietet der Gesetzgeber Fördermittel an. Diese fallen je nach Bundesland verschieden aus. In Bayern beträgt die Förderung beispielsweise 30 Prozent der förderfähigen Netto-Anschaffungskosten. Als förderfähige Anschaffungen gilt die Hardware wie Honigschleuder, Honigpresse und -zentrifuge, Wachspresse ect. Nicht förderfähig sind Wachs-Mittelwände, der Imkeranzug, Zucker zur Auffütterung etc.

Die Mindestinvestitionssumme für Anfänger beträgt 476 Euro, für Fortgeschrittene, die länger als ein Jahr imkern, 952 Euro. Da sich die Höhe der Fördermittel ständig ändert, sind diese Angaben nur ein Richtwert.

DER ANFANG ALS IMKER

Die Ausrüstung des Imkers

Ohne Imkeranzug und ein paar Werkzeuge geht es nicht: Doch die Basics der Grundausrüstung sind eine einmalige Anschaffung. Achten Sie beim Kauf immer auf gute Qualität.

Info
Es empfiehlt sich, den Imkeranzug eine Konfektionsnummer größer zu nehmen, um an kühleren Tagen warme Unterkleidung unter dem Anzug tragen zu können.

Es ist ratsam, mit einer Schutzkleidung aus Kopfbedeckung (Schleier), Imkerhandschuhen aus Gummi oder Leder und Imkeranzug zu arbeiten. Der Anzug verhindert, dass sich Bienen in Säumen und Öffnungen zwischen Jacke und Hose verfangen, was meist mit einem Stich quittiert wird. Gummihandschuhe haben den Vorteil, dass man mit ihnen einfach präziser arbeiten kann. Atmungsaktiver sind jedoch Lederhandschuhe.

Der Imkeranzug ist hell, sodass Bienen uns nicht als Fressfeind betrachten.

Imkerinnen oder Imker mit langen Haaren sollten stets zumindest ein Haarband oder Ähnliches zur Bienenschau mitnehmen. Auch im Bart verfängt sich gern mal eine Biene. Aus diesem Grund empfiehlt sich der Schleier als wichtigstes Bekleidungsstück eines Imkers.

Beim Werkzeug ist die Grundausstattung relativ überschaubar. Sie besteht aus dem Stockmeisel, einem flachen Metallstück, das an beiden Seiten geschärfte Klingen hat und an einer Seite im rechten Winkel gebogen ist. Ist die Beute geöffnet, will man meist auch die Rähmchen nach der Königin oder zumindest nach Stiften (Eiern) absuchen. Dabei leistet der Wabenheber gute Dienste. Mit dem Smoker bläst man Rauch in das Volk, um die Bienen abzulenken, sodass man ungestört arbeiten kann. Alternativ kann man auch einen Wasserzerstäuber oder ein Nelkentuch verwenden. Letzteres ist für die Bienen stressfreier als Rauch. Man beträufelt ein Baumwolltuch in den Abmessungen der Beute mit Nelkenöl und legt es nach dem Öffnen behutsam auf die Beute. Der Bien krabbelt dann nach unten, anstatt die Flucht aus dem Bienenstock anzutreten. Nach der Behandlung schließt man das Tuch in ein leeres Marmeladenglas ein, damit die ätherischen Öle nicht verdunsten. Ein Bienenbesen ergänzt die Ausrüstung.

Die Ausrüstung des Imkers

1. Stockmeisel Dieses Universalwerkzeug ist unentbehrlich: zum Abkratzen des Wachswildbaus von den Zargen – den einzelnen Stockwerken der Beute – oder von den Rähmchen, zum Aufstämmen von mit Propolis verkitteten Zargen und vielem mehr.

2. Wabenheber Die mit Wabenzellen ausgebauten Rähmchen – »Waben« genannt – werden von den Arbeiterinnen bereits nach kurzer Zeit mit Propolis in die Zargen gleichsam »einzementiert«. Mit dem Wabenheber können Sie diese Waben mühelos aus den Beuten lösen und begutachten.

3. Smoker Mit dem Smoker erzeugt man Rauch und bläst ihn in die Beute. In diesem Moment wird vom Imker ein Waldbrand simuliert, was die Bienen dazu veranlasst, sich den Magen voll Honig zu stopfen, um eine Evakuierung des Bienenstaats einzuleiten.

4. Wasserzerstäuber Statt dem Smoker kann man auch einen Wasserzerstäuber benutzen. Besprüht man die Bienen, ziehen sie sich ebenfalls zurück.

5. Bienenabkehrbesen Er dient dazu, die Bienen von Waben abzukehren. Schonender ist eine Gänsefeder, doch aus hygienischen Gründen ist ein Besen zu empfehlen.

DER ANFANG ALS IMKER

Die Bienen richten sich ein: Beutensysteme

Die Zahl der verschiedenen Beutensysteme ist groß. Am besten erkundigt man sich, welche Typen in der Region üblich sind. Dann kann man sicher sein, die gewünschte Ausrüstung leicht zu bekommen.

Für Anfänger ist das Thema Beutensysteme verwirrend. Ein Überblick über die verschiedenen Systeme hilft bei der Orientierung. Weltweit hat sich in den letzten Jahrzehnten das Imkern mit Magazinbeuten durchgesetzt. Sie bestehen aus stapelbaren Einheiten, den Magazinen oder Zargen, die die Rähmchen enthalten. Diese wiederum werden meist mit Mittelwänden oder Anfangsstreifen aus Wachs mit vorgestanzten Wabenzellenformen versehen, auf die die Bienen ihre sechseckigen Wabenzellen bauen. Sobald die Rähmchen von den Bienen mit Wabenzellen ausgebaut werden, nennt man sie auch Waben. Der Vorteil der Magazinbeuten: Man kann ihre Größe je nach Volkstärke oder Trachtangebot entsprechend variieren, indem man Zargen aufsetzt oder entfernt. Neben den Magazinbeuten gibt es noch die Klotzbeute (→ Seite 42), die Oberbehandlungs- oder Trogbeute, die von oben zu öffnen ist, sowie die Hinterbehandlungsbeute, die man nur von hinten öffnen kann.

Wichtige Maße

Zwei Maße sind in der modernen Imkerei von großer Bedeutung: der Abstand zwischen den Rähmchen – der Wabenabstand – und der Abstand von den Rähmchen zur Beutenwand. Der Wabenabstand sollte von Wabenmitte zu Wabenmitte 35 mm betragen. Die Räume zwischen den Rähmchen, die Wabengassen, müssen 10 mm breit sein. Dann können die Bienen beide Waben gleichzeitig begehen und von Wabe zu Wabe wechseln. Damit die Rähmchen nicht verrutschen und der nötige Abstand eingehalten wird, bringt man an den Rähmchen Abstandshalter an (→ Seite 126–127). Ist der Abstand zwischen den Rähmchen zu groß, kann es passieren, dass die Bienen versuchen, die Zwischenräume auszugleichen. Die Waben sind dann kreuz und quer miteinander verbunden

Abstandhalter sorgen für den nötigen Abstand zwischen den Rahmen.

Bauplan Magazinbeute

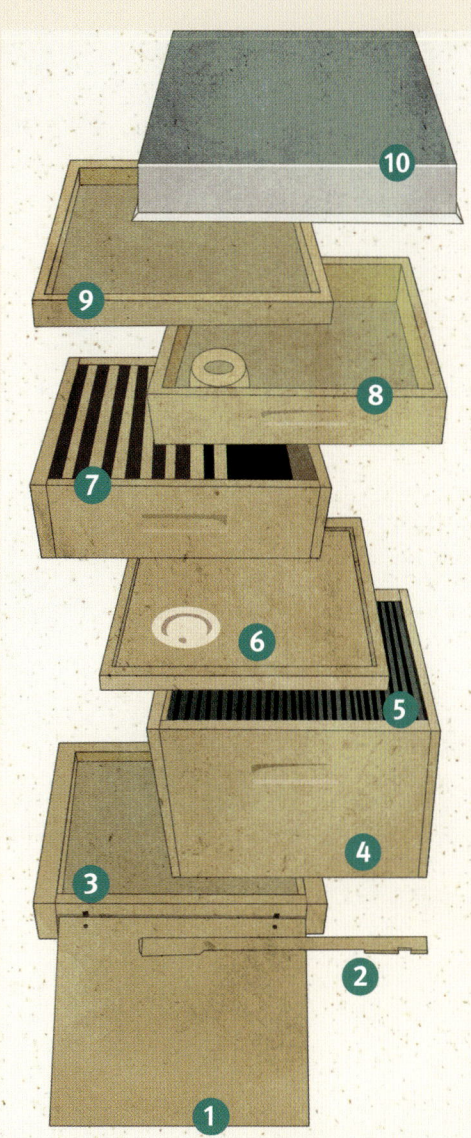

1. Anflugbrett Im Frühjahr hilft das Anflugbrett schwer beladenen und von der Kälte erschöpften Bienen, sicher anzulanden, um sich kurz zu erholen, bevor sie sich zur Nektarübergabe in den Bienenstock begeben. Es hält die vom Boden ausgehende Kälte etwas ab.

2. Fluglochkeil Er engt den Eingang zum Bienenstock im Unterboden ein, um Fressfeinde wie Spitzmäuse fernzuhalten und die Verteidigung gegen räubernde Fremdbienen, Wespen und Hornissen zu erleichtern.

3. Unterboden Den Unterboden gibt es als flache und hohe Variante – auch hoher Wanderboden genannt. Bewährt hat sich der nach unten offene hohe Unterboden mit Gittergeflecht, da es den Bienen im Winter die Reinigungsarbeiten im Bienenstock erleichtert. Mittlerweile wird der hohe Unterboden mit integrierter Mäusesperre und Varroaschublade, Edelstahl-Gitterboden sowie Bausperre angeboten. Die Bausperre ist ein Holzgitter, das man im Frühjahr zwischen Unterboden und Brutraumzarge legt, damit die Bienen keine Waben nach unten bauen können.

4. Brutraum (Brutzarge) Die unterste Zarge ist stets die Brutraumzarge. Hier legt die Königin die Eier für die neue Bienengeneration.

5. Absperrgitter Das Absperrgitter befindet sich zwischen dem Brutraum und dem Honigraum. Die engen Gitterabstände verhindern, dass die Königin und die Drohnen hindurchschlüpfen können. Dadurch bleibt der Honigraum sicher frei von Brut und Pollen.

6. Bienenflucht Gegen sie tauscht man ca. 24 Stunden vor der Honigernte das Absperrgitter (5) aus. In dem geschlossenen Zwischenboden befindet sich ein Loch, das den Bienen den einzigen Weg nach unten bietet. Durch dieses Loch gelangen sie in einen Kunststoffdeckel, der über schmale Kanäle die Flucht in die Brutzarge und somit nach draußen ermöglicht. Es gibt keinen Weg zurück. In der Folge ist der Honigraum am Tag der Honigernte fast frei von Bienen.

7. Honigraum (Honigzarge) Er ist baugleich mit der Brutzarge. Der Honigraum wird bei der Honigernte vom Imker geleert und meist nach der zweiten Ernte vom Bienenstock entfernt. Es gibt auch halbe Honigräume mit kleinen Rahmen, sie sind gefüllt nur halb so schwer.

8. Futterzarge Nachdem der Honigraum entfernt wurde, folgt die erste Fütterung (Reizfütterung), um die Königin vor dem Herbst noch einmal zum Brüten anzuregen. Dazu setzt man die Futterzarge auf den Brutraum auf. Aus dem Boden der Zarge ragt ein kleiner Schlupf, aus dem die Bienen vom Brutraum in die Futterzarge krabbeln können, um das in die Zarge gefüllte Zuckerwasser aufzunehmen und in den leeren Waben als Vorrat einzulagern.

9. Deckel Damit der Bien die perfekte Temperatur im Stock halten kann, kommt auf die oberste Zarge ein Holzdeckel. Er hat eine Isolationsschicht zur Wärme-Kälte-Dämmung.

10. Wetterschutz Er besteht aus Aluminium oder Edelstahl und passt genau über den Deckel, sodass Regen oder Tau gut abtropft und die Holzbeute trocken bleibt.

(Wildbau), sodass man die Rähmchen beim Herausziehen leicht zerstört.

Der Abstand zwischen den Rähmchenseiten zur Beutenwand muss dagegen 8 mm betragen, damit ihn die Bienen nicht verbauen. Entdeckt hat diesen »Beespace«, den Bienenabstand, der amerikanische Imker Lorenzo L. Langstroth 1851. Hält man den Abstand ein, können zwei Bienen aneinander vorbeilaufen. Sie verbauen weder zu große Lücken, noch verkitten sie zu kleine, und die Rähmchen lassen sich gut herausnehmen.

Rahmen- oder Wabenmaß

Die Rähmchen, in die Bienen ihre Wabenzellen bauen, gibt es in diversen Größen. Folgende sind bei uns gängig (Breite × Höhe):

* Dadant (43,5 × 30 bzw. 43,5 × 16 cm): Die Dadantbeute besteht aus nur einer Zarge mit Brutwaben, die doppelt so groß ist wie die Honigzarge. Vorteil: weniger Gewicht bei vollem Honigraum. Sie ist weltweit sehr verbreitet.
* Zander (42 × 22 cm): Die modernisierte Version hat einen verstärkten oberen Holzquerträger und ist sehr stabil. Sie besteht aus zwei übereinanderliegenden Zargen mit Brutwaben, auf die man dann die Honigzargen aufsetzt. Dieser Typ wird v. a. im süddeutschen Raum verwendet.
* Deutsch-Normalmaß (DNM, 37 × 22,3 cm): Es ist hauptsächlich in Norddeutschland verbreitet. Ähnlich der Zanderwabe.
* Langstroth (44,8 × 23,2 cm): Das älteste Magazinsystem, weltweit sehr erfolgreich.

Der Kauf der Beute

Neben den oben genannten Beuten gibt es weitere Typen wie die Hohenheimer oder die Herold Beute. Sie alle bestehen aus Holz. Die Seegeberger Beute ist dagegen aus Hartschaum (Styropor). Der Vorteil ist das geringe Gewicht und die guten Dämmeigenschaften. Doch sie ist anfällig gegen mechanische Einwirkung und kann zu vermehrter Feuchtigkeit im Bienenstock führen. Unter Hobby-Imkern stößt die Bienenkiste auf Interesse, sie führt aber auch zu Diskussionen. Auf der einen Seite soll sie material- und platzsparend sein. Andererseits halten sie viele Imker für ein Geschäftsmodell, das vor allem Stadtimker dazu bringen soll, unkompliziert auf engstem Raum Bienen zu halten. Egal, für welche Beute Sie sich entscheiden, sollten Sie beim Kauf Folgendes beachten:

Beuten stellt man in Richtung Südosten auf, abgewandt von der Wetterseite.

Wussten Sie schon, dass ...

... EINRAUMBEUTEN VIELE VORTEILE HABEN?

Bei der Einraumbeute liegen Brutraum und Honigraum auf einer Ebene. Sie wird daher auch gern zu Demonstrationszwecken in Schulen und Seminaren benutzt. Die Bienendurchsicht ist sehr rückenschonend, da man im Gegensatz zu Magazinbeuten keinen Honigraum abnehmen muss, um an den Brutraum zu gelangen. Der Bien wird nicht durch ein Honigraumgitter getrennt, sondern bleibt zu jeder Zeit ein zusammenhängender Organismus. Das bedeutet auch weniger Stress für das Bienenvolk.

* Die Beute sollte die Bienen in Ihrer natürlichen Lebensweise unterstützen, d. h., die Bienen sollten sich ungehindert bewegen und z. B. vom Einflugloch direkt die Waben erreichen können.
* Sie sollte gut zu handhaben sein und die Arbeit des Imkers erleichtern. Beuten aus Weymouth-Kiefer z. B. sind leicht, aber stabil. Damit die Zargen gut zu transportieren sind, sollten sie mit Griffen bzw. Einfräsungen versehen sein.
* Die Beute sollte auch die Haltung starker Völker ermöglichen und dementsprechend erweiterbar oder reduzierbar sein.
* Die Beute sollte aus natürlichem Material wie Holz bestehen und, falls überhaupt, nur mit einem bienenfreundlichen Farbanstrich vor Verwitterung geschützt werden.
* Zur Kontrolle der Varrose sollte man eine Varroaschublade einschieben können.

Notieren Sie sich beim Kauf von Beuten immer die genauen Maße sowie den Namen des Herstellers, denn viele Anbieter haben eigene Maße, die oft nur um Millimeter mit denen anderer differieren. So kann man sichergehen, auch später noch genau passende Teile und Zubehör kaufen zu können.

Warm- oder Kaltbau?

Hat man sich für ein System entschieden, stellt sich die Frage nach der Ausrichtung der Waben zum Flugloch. Beim Warmbau hängen die Waben parallel zum Flugloch, beim Kaltbau längs. Im Winter hat der Warmbau Vorteile, da die quer zum Flugloch hängenden Rähmchen das Innere der Beute wärmer halten, beim Kaltbau kann im Sommer die Hitze besser entweichen. Welche Variante man wählt, ist letztlich Geschmackssache.

DER ANFANG ALS IMKER

Kleines Waben-Einmaleins

Im Inneren der Beute befolgen die Bienen ein klares Schema bei der Anordnung und Nutzung der Waben. Ob Brutwabe oder Futterwabe: alles hat seinen Platz und eine bestimmte Funktion.

Info
Beim Sichten der Beute die Wabenrahmen vorsichtig anheben, um unnötige Vibrationen und die Beschädigung von Nachbarwaben zu vermeiden.

Der erste Blick auf den offenen Brutraum erlaubt zunächst die Sicht auf die Oberträger – die obere Kante – der Rähmchen. Noch ist nicht erkennbar, wo sich welche Waben befinden. Immer an der Außenseite beginnend, hebt man mit dem Wabenheber das zweite Rähmchen an und hängt es nach der Begutachtung erst einmal in eine bereitgestellte leere Beute. So verschafft man sich etwas Platz, um die folgenden Rähmchen vorsichtig anzuheben (→ Info). Spätestens nach der Kontrolle der ersten drei Rahmen wird man feststellen, dass die Bienen eine klare Wabenanordnung in ihrer Beute geschaffen haben. Deshalb ist es äußerst wichtig, diese Anordnung nicht durcheinanderzubringen, indem man beim Zurückhängen die Wabe um 180 Grad dreht oder – was noch schlimmer ist – sie in ihrer Reihenfolge vertauscht. Die Folgen sind meist fatal. Das Bienenvolk kann mit verstärkter Unruhe, Agressivität, gestörtem Brutverhalten, verstärktem Schwarmtrieb oder steigender Krankheitsanfälligkeit reagieren. Es kann sogar das ganze Volk absterben.

Lebenszentrum Brutnest

Die Anordnung der Waben erfolgt immer nach gleichem Muster. Als Erstes wird die sogenannte Zentralwabe – die erste Brutwabe – ausgebaut. Die Brutwaben befinden sich stets in der Nähe des Fluglochs. Alle Brutwaben zusammen bilden das Brutnest, das Lebenszentrum des Bienenvolks. Hier geht die Königin ihrer Bestimmung nach und legt die Eier in die Wabenzellen – sie bestiftet sie. Sollte das Volk mit seiner Königin unzufrieden sein oder eine Veränderung wünschen, werden am Rand der Brutwaben Weiselzellen oder direkt auf der Brutwabe Arbeiterinnen-

- Honig
- Pollen
- Drohnenwabe
- Brut

Hängt die Wabe nur im Honigraum, bleibt sie hell und die Verdeckelung ist flach.

Die Brutwaben werden mit der Zeit dunkler und die Verdeckelung ist gewölbt.

zellen zu sogenannten Nachschaffungszellen umgebaut, um eine neue Königin zu züchten. Das Schlüpfen der Königin aus einer Weiselzelle hat meist zur Folge, dass die alte Königin mit einem Teil des Volks ausschwärmt (→ Seite 84–85), während man beim Schlupf einer Königin aus einer Nachschaffungszelle von einer »stillen Umweiselung« spricht. Hier wird der alten Königin die Gefolgschaft verweigert. Sie wird getötet oder verjagt und durch die neue Königin ersetzt.

Ein mit zehn Rähmchen gefüllter Brutraum hat ein bis zu sieben Rähmchen umfassendes Brutnest, dieses sollte immer zusammenhängend bleiben, es sei denn, man bildet einen Brutableger (→ Seite 82–83). Im Idealfall ist das Brutnest kugelförmig angelegt. Um das Nest wird kranzförmig erst Pollen und dann Honig eingelagert.

Zwischen März und April hängt man die sogenannte Drohnenwabe, auch Bau- oder Drohnenrahmen genannt, an das Brutnest. Sie ist hier platziert, weil die Drohnen zur Entwicklung eine minimal kühlere Temperatur brauchen, als im Brutnest herrscht. Die leeren, unbedrahteten Rahmen werden von den Arbeiterinnen innerhalb von ein paar Tagen vollständig ausgebaut und von der Königin mit unbefruchteten Eiern für die Aufzucht von Drohnen bestiftet. Im ausgebauten Zustand ist die Drohnenwabe an der Größe der Wabenzellen und der bucklig erhabenen Brutverdeckelung zu erkennen. Bei sehr starken Völkern kann man zwei Drohnenwaben in ein Bienenvolk hängen. Im Spätsommer entfernt man die Drohnenwabe wieder, da die vorhandene Drohnenpopulation auch noch für späte Begattungsflüge ausreicht. Zu guter Letzt kommen die Futterwaben. Sie hängen an der Beuteninnenwand immer fluglochfern, da sie für die Bienen hier leichter gegen Fressfeinde zu verteidigen sind. Sie dienen als Vorratskammer, die vom Imker unberührt bleibt.

DER ANFANG ALS IMKER

Warum biologisch imkern?

Auch unter den Imkern findet die biologische Wirtschaftsweise immer mehr Anhänger. Dabei geht es nicht nur darum, rückstandsfreien Honig zu gewinnen, sondern auch um das Wohl der Bienen.

Wie in der Landwirtschaft gibt es auch in der Imkerei neben der konventionellen Wirtschaftsweise die biologische. Beim biologischen Ansatz bedeutet Bienen zu halten mehr, als nur Honig zu erzeugen. Vielmehr steht das Wohl der Bienen über dem Ertrag. Die Aufgabe des Imkers ist es, den Eigenwert jeder Biene zu respektieren und für ein möglichst stressfreies Dasein seiner Völker zu sorgen. Voraussetzung für jeden verantwortungsvollen Imker ist tierethisches Handeln: Schließlich entnehmen wir den Bienen den Honig und somit ihre Lebensgrundlage. Letztlich lohnt sich die biologische Wirtschaftsweise jedoch für beide Seiten: Der Mensch bekommt einen rückstandsfreien Honig, und die Bienen können naturgemäß leben und ihrer Bestimmung folgen.

Beim Naturbau setzt man keine Mittelwände in das Rähmchen ein – die Bienen bauen die Waben frei.

Regeln und Kontrollen

Als Erste legten private Verbände wie Bioland, Demeter und Naturland Regeln für die biologische Erzeugung von Honig fest und kontrollierten auch deren Einhaltung. Mit der Schaffung eines Minimalstandards durch die EU wurde der Begriff »Bio« auch gesetzlich geschützt, einheitlich in Europa geregelt und staatlich kontrolliert. Der ökologische Bienenhalter darf seinen Honig nur dann »Bio« nennen, wenn er alle Auflagen der EG-Verordnung erfüllt und sich einem regelmäßigen Kontrollverfahren unterwirft.

Unter anderem gelten folgende Kriterien für die Bio-Imkerei:

* Der Standort der Bienenstöcke muss für die biologische Bienenhaltung geeignet sein. Er sollte in biologisch bewirtschafteten Gebieten liegen. Im Flugradius der Bienen (fünf Kilometer) dürfen sich keine

Eine wesensgerechte Bienenhaltung ist für die Bio-Imkerei Voraussetzung.

Beim Bio-Imkern darf die Umgebung nicht mit Umweltgiften belastet sein.

verunreinigten Orte befinden, beispielsweise Mülldeponien.
* Bei der Wahl der Bienenrasse ist für den Bio-Bienenhalter nicht die Honigleistung, sondern deren Widerstandsfähigkeit und die Anpassung an die jeweilige Umgebung ausschlaggebend.
* Die Bienenstöcke sollten vorzugsweise aus natürlichen Materialien wie Holz bestehen.
* Der Bienenkönigin dürfen weder die Flügel gestutzt werden, um sie am Wegfliegen zu hindern, noch werden ihr Kennzeichnungsplättchen auf den Rücken geklebt.
* Bio-Imker verwenden das von den eigenen Bienen hergestellte Wachs wieder. Eventuelle Schadstoffrückstände, wie sie in der konventionellen Imkerei z. B. durch Bienen-Arzneimittel vorkommen, sind somit ausgeschlossen. Muss zugekauft werden, darf es nur bio-zertifiziertes Wachs sein.
* Bei strengen Bio-Verbänden ist Naturwabenbau Voraussetzung, d. h., die Rahmen dürfen nicht mit einer Mittelwand aus Wachs versehen werden.
* Nach der letzten Honigernte gegen Ende Juli wird mit der Behandlung der Bienen gegen die Varroamilbe begonnen. Bei der Bekämpfung des Parasiten sind ausschließlich organische Säuren wie die Ameisensäure, Milchsäure oder Oxalsäure erlaubt. Bei richtiger Anwendung ist dies ungefährlich für die Bienen.
* Für die Winterpause überlässt der Bio-Imker seinen Völkern genügend Honig und Pollen. Die Zufütterung erfolgt ausschließlich mit biologischem Zucker.

Kein Imker kann allerdings mit Sicherheit behaupten, sein Honig sei zu 100 % biologisch, denn die Bezeichnung »Bio« bezieht sich beim Honig hauptsächlich auf die Behandlungsweise durch den Imker. Da Honigbienen einen Flugradius von ca. fünf Kilometern haben, kann die Route ihrer Nahrungssuche nicht vollständig kontrolliert werden.

DER ANFANG ALS IMKER

Bienen würden BIO kaufen!

Helga und Albrecht Pausch betreiben in Bayern eine Bio-Imkerei sowie eine Destillerie für Edelbrände, eine Essigmanufaktur und einen Obstbaubetrieb. Sie arbeiten seit 1996 nach biologischen Richtlinien.

Warum betreiben Sie eine Bio-Imkerei?

Helga & Albrecht Pausch: Bienen eröffnen einem den Blick für die Gesamtheit der Natur wie wohl kaum ein anderes Tier. Sie sind zum einen unabdingbar für den Fortbestand unserer Flora und Fauna, zum anderen aber auch sehr verletzlich und auf eine intakte Natur angewiesen. Schon kurz nachdem wir zu imkern anfingen, störte es uns, dass man glaubte, die Varroamilbe nur mit chemisch-synthetischen Milbengiften behandeln zu können, und damit auch eine Rückstandsgefahr für Wachs und Honig in Kauf nahm. Doch wir trafen bald auf eine kleine Gemeinde von gleichgesinnten Imkern, die mit organischen Säuren wie Ameisensäure, Milchsäure und Oxalsäure experimentierten. 1996 sind wir dem Bioland-Verband beigetreten, womit unsere ökologische Imkerei streng geregelt und auch kontrolliert war.

Auf Ihrer Internetseite steht: »Tierethische ökologische Imkerei«. Was bedeutet dieser Begriff?

Helga & Albrecht Pausch: Die Gesellschaft hat über Jahrhunderte hinweg ethische Regeln für den Umgang mit Wirbeltieren entwickelt. Für Insekten und insbesondere die Bienen gibt es solche Regeln nicht einmal ansatzweise. Weder Imkerverbände, die EU-Öko-Verordnung noch die Bio-Verbände regeln wichtige grundlegende Dinge im Umgang mit Bienen. Damit meinen wir wirklich fundamentale Dinge, die die Würde und Unversehrtheit der Bienen in den Vordergrund stellen. Es betrifft z. B. die Frage, ob es in Ordnung ist, jedes Jahr systematisch neue junge Königinnen in die Bienenvölker zu geben und die zweijährigen zu töten, weil man meint, mit ganz jungen Königinnen ertrags- und arbeitstechnische Vorteile zu erzielen. Dies sind betriebstechnische Verfahren, die

Biologisch zu wirtschaften war uns schon immer wichtig. Als hauptberufliche Imker entschieden wir bald, dass wir, statt 500 oder mehr Bienenvölker zu besitzen, lieber auf Vielfalt setzen wollten.

Bienen würden BIO kaufen!

Dem Verbraucher ist durch die Gefährdung der Bienen die Verletzlichkeit der Natur bewusster geworden. Damit wird der Griff zu umweltfreundlich erzeugten Bio-Produkten gefördert.

Wir wollen mit unserer Wirtschaftsweise die Unversehrtheit des Bienenvolks so weit wie möglich bewahren. Eingriffe müssen letztendlich auch mit dem Wohl des Bienenvolks zu rechtfertigen sein und nicht nur mit Zeitersparnis oder Mehrertrag.

Wir nehmen nicht in Kauf, dass Bienen verletzt werden. Wir arbeiten bewusst langsam und machen kritische Bereiche bienenfrei, um möglichst keine Bienen zu quetschen, z. B. beim Wabenziehen und beim Aufeinandersetzen der Kästen.

in diversen Lehrbüchern niedergeschrieben sind mit dem Ziel, die Erträge zu optimieren. Doch letztlich sind sie ein fundamentaler Eingriff in die Existenz, Würde und den Eigenwert von Bienenvölkern. Man sollte sich aber auch nicht von Emotionen leiten lassen, wenn es um die Beurteilung geht, ob ein Eingriff vertretbar ist oder nicht. Hilfreich finden wir hier das Schweizer Tierschutzgesetz. Dort heißt es in der Erläuterung: »Zweck dieses Gesetzes ist es, die Würde und das Wohlergehen des Tieres zu schützen.«

Wie wirkt sich Ihre Haltung auf Ihre Arbeit mit den Bienen aus?

Wir sind in unserer Imkerei zu dem Schluss gekommen, dass es das Ziel ist, Bienen nicht übermäßig zu instrumentalisieren und die Unversehrtheit des Bienenvolks zu bewahren. Ziel in unserer Imkerei ist es, ein Bienenvolk, das gesund ausgewintert wurde, auch wieder gesund einzuwintern. Wir lehnen daher Betriebsweisen ab, bei denen der Tod des Bienenvolks billigend in Kauf genommen wird, um den Honigertrag zu maximieren. Eingriffe müssen mit dem Wohl des Bienenvolks zu rechtfertigen sein und nicht nur mit Zeitersparnis oder Mehrertrag. Das bedeutet einen höheren Zeitaufwand und führt zu finanziellen Einbußen. Diese Rücksicht ist aber dem Respekt vor dem Einzellebewesen geschuldet.

DER ANFANG ALS IMKER

Der phänologische Kalender

Für Imker hat der phänologische Kalender eine große Bedeutung. Denn er orientiert sich an Naturereignissen wie der Blüte der Zeigerpflanzen. Sie läuten die zehn phänologischen Jahreszeiten ein.

Der phänologische Kalender orientiert sich an wiederkehrenden Ereignissen in Flora und Fauna. Je nach geografischer Lage einer Region und dem Wetter kann er sich um bis zu vier Wochen verschieben. Der phänologische Kalender begleitet uns auch durch das in diesem Buch beschriebene Imkerjahr.

* Vorfrühling: Jetzt blühen Schneeglöckchen und Haselnuss. Das Brutgeschäft der Bienen ist im vollen Gange.
* Erstfrühling: Am 21. März ist Frühlingsanfang. Vor diesem Zeitpunkt sollte man die Bienen nicht stören.
* Vollfrühling: Er beginnt mit der Apfelblüte. Sind die Eisheiligen vorbei, gibt es bei den Bienen eine regelrechte Völkerexplosion.
* Frühsommer: Jetzt blüht der Schwarze Holunder. Die Schwarmstimmung der Bienen ist im vollen Gange, und meist kann die Honigernte beginnen.
* Hochsommer: Die Linden blühen in voller Pracht. Sie sind eine wichtige Tracht für die Bienen, die jetzt ihre volle Volkstärke erreicht haben.
* Spätsommer: Frühäpfel und Frühzwetschgen sind reif. Die Bienen bekommen die erste Varroabehandlung und werden für den Winter eingefüttert.
* Frühherbst: Der Schwarze Holunder ist reif, und die Ernte der Birnen beginnt. Ab jetzt ruhen die Bienen.
* Vollherbst: Äpfel, Rosskastanien und Walnüsse sind reif. Die Blätter des Wilden Weins strahlen blutrot gefärbt.
* Spätherbst: Wenn die Rosskastanie das Laub abwirft, beginnt der Spätherbst.
* Winter: Er reicht ungefähr von Ende November bis Mitte oder Ende Februar. Die Bienen ruhen noch, sie sind brutfrei und sitzen in einer sogenannten Wintertraube zusammen, um sich zu wärmen.

Erstfrühling: Die Zeigerpflanze Löwenzahn ist ein großer Nektarlieferant

Jahreskreis

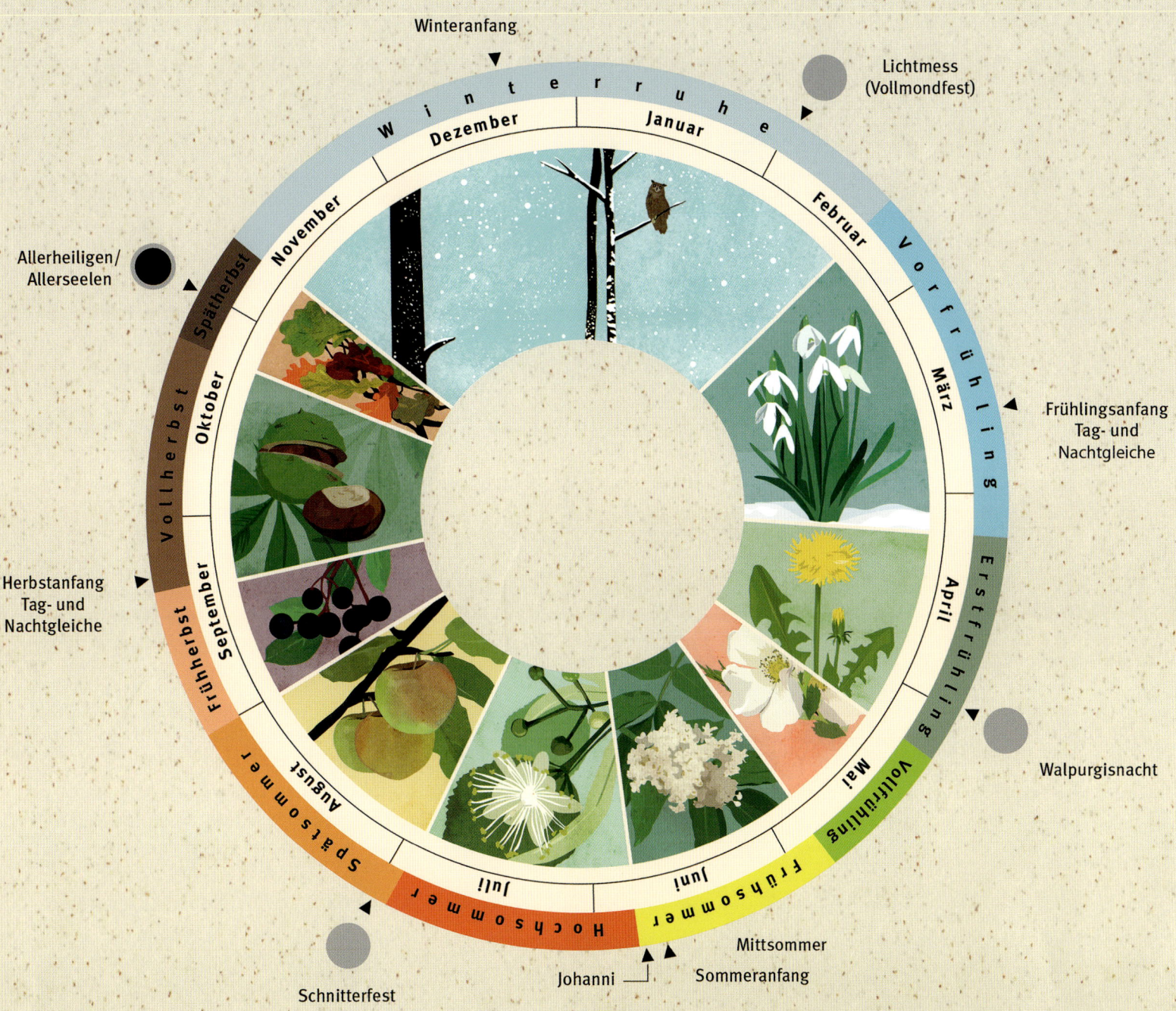

DER ANFANG ALS IMKER

Die Bienen und der Mond

Mal steht der Mond als große, leuchtende Kugel am Himmel, mal sieht man nur eine zarte Sichel, mal ist er gar nicht zu sehen. Doch immer beeinflusst er durch seinen Zyklus das Leben auf der Erde.

Bereits unsere Vorfahren verglichen Wirkung und Erfolg von Arbeiten zu den verschiedenen Mondphasen: z. B. das Holzschlagen, die unterschiedliche Wirkung von Heilkräutern, den optimalen Zeitpunkt für die Aussaat von Nutzpflanzen und die Einlagerung der Ernte. So entstand der Mondkalender.

Mit seiner ruhigen Kraft nimmt der Mond Einfluss auf fast alle Geschehnisse in der Natur.

In seinem 28-tägigen Rhythmus durchläuft der Mond alle Sternzeichen. Diesen wurden verschiedene Qualitäten zugeordnet:
* Wärme/Frucht (Löwe, Schütze, Widder)
* Wasser/Blatt (Skorpion, Fische, Krebs)
* Erde/Wurzel (Stier, Jungfrau, Steinbock)
* Licht/Blüte (Zwillinge, Waage, Wassermann)

Demnach unterliegen alle Pflanzen und Tiere, also auch Bienen, dem Einfluss der Frucht-, Blatt-, Wurzel- und Blütentage. So hat man in Versuchen festgestellt, dass Bienen an Lufttagen verstärkt Pollen eintragen, an Fruchttagen dagegen eher Nektar nach Hause bringen. Der Imker, der sich am Mondkalender orientiert, kann also durch die Wahl des richtigen Zeitpunkts für die verschiedenen Arbeiten die Bienen lenken. Die Impulse der Blütentage beeinflussen zum Beispiel die Bruttätigkeit. Arbeiten zur Völkervermehrung führt man deshalb am besten an solchen Tagen durch. Fruchttage können eine Steigerung der Honigerträge bewirken. Außerdem verhalten sich Bienen an diesen Tagen sehr ruhig und sanft. Will man den Bautrieb fördern, führt man die entsprechenden Arbeiten an Wurzeltagen aus. Und wenn man seine sonst so sanften Bienen als stechlustig empfindet, sollte man prüfen, ob gerade ein Blatttag ist. Diese Tage sollte der Imker als »Ruhetage« akzeptieren.

Rosmarinbrot mit Honig

FÜR EINE KASTENFORM:

500 g Dinkelmehl (Type 1050) * **8 g Salz** * **100 g Walnüsse, gehackt** * **Rosmarinnadeln von zwei Rosmarinzweigen, fein gehackt** * **2 EL Honig** * **50 ml Olivenöl** * **320 ml warmes Wasser** * **frische Hefe oder 1 Päckchen Trockenhefe**

1. Den Teig ansetzen
Mit frischer Hefe: Das Mehl in eine Schüssel geben und in der Mitte eine Mulde bilden. Darin die Hefe in ca. 100 ml warmem Wasser auflösen, mit etwas Mehl bedecken und ca. 10 Minuten unter einem Tuch ruhen lassen. Anschließend Salz, Walnüsse, Rosmarin, Honig, Olivenöl und das restliche Wasser dazugeben.
Mit Trockenhefe: Trockenhefe mit dem warmen Wasser verrühren und zu den übrigen Zutaten geben.

2. Den Teig kneten und gehen lassen
Alle Zutaten mit den Knethaken des Rührgeräts verkneten, bis ein gleichmäßiger Teig entsteht. Er sollte sich beim Kneten vom Schüsselrand lösen. Dann die Schüssel mit einem Küchentuch abdecken und an einem warmen Ort für mindestens 30 Minuten ruhen lassen. Den Backofen auf 230 °C vorheizen.

3. Das Brot formen und backen
Anschließend einen Laib formen oder den Teig in eine mit Backpapier ausgelegte Kastenform geben. Im gut vorgeheizten Ofen für ca. 10 Minuten bei 230 °C Grad Ober-/Unterhitze und anschließend weitere 30 Minuten bei 175 °C fertig backen.
Vorsicht: Je nach Backofen und Brotform kann die vorgegebene Backzeit maßgeblich variieren!

DER ANFANG ALS IMKER

Das Bienenjahr

Der phänologische Kalender gibt den Rahmen vor, wann was am Bienenvolk zu tun ist. Trotzdem muss man die Bienen gut beobachten, um den geeigneten Zeitpunkt für die Arbeiten zu wählen.

Die Imker richten sich bei ihrer Arbeit in der Regel nach dem phänologischen Kalender (→ Seite 60–61). Die Bienen wiederum beginnen bereits zwischen Dezember und Januar, wenn für uns noch Winter ist, mit dem Brutgeschäft. Der Einfachheit halber beginnen wir das Imkerjahr in diesem Buch jedoch mit dem Frühling, da die meisten Imkerkurse in diesem Zeitraum ihren Anfang nehmen. Auf den nächsten Seiten führt Sie die Münchener Bio-Fachimkerin Kristin Mansmann (→ Foto) durch das Jahr und die jeweils nötigen Arbeiten.

Den Bienen selbst sind unsere zeitlich festgesetzten Jahreszeiten einerlei, sie richten sich nach den Gegebenheiten der Natur. Ist der Winter kalt und lange, so kommt auch der Bien erst spät in die Gänge. Ist der Winter mild, werden die Bienenvölker früh aktiv und brüten bereits im Dezember. Fatalerweise folgen auf frühe Wärmeperioden am Jahresanfang oft strenge Fröste. Diese können dem Bien hart zusetzen. So liegt es am Imker, darauf zu achten, dass die Bienenvölker ausreichend mit Futter versorgt sind.

Zeiten für den Urlaub

Auch Imker machen Urlaub und sind vielleicht auf die üblichen Ferienzeiten angewiesen. Die Spitzenzeit der Blütentrachten und die Schwarmzeit fällt jedoch in den warmen Spätfrühling, also in die Urlaubs-Vorsaison, die mit günstigen Preisen lockt. Wenn Sie in dieser Zeit verreisen, brauchen Sie unbedingt eine Urlaubsvertretung, denn jetzt ist Hochsaison im Bienenvolk. Einfacher ist es ab Ende Juli nach der zweiten Honigernte. Kurz nach dem Abschleudern des Honigs erfolgt die erste Varroabehandlung, und ab diesem Zeitpunkt kann man seine Bienen gute drei Wochen sich selbst überlassen. Auch im Herbst und Winter ist eine längere Abwesenheit kein Problem.

Bio-Imkerin Kristin Mansmann

Das Imkerjahr

 ### Frühling 66

* Jetzt starten die Bienenvölker wieder durch. Es ist die produktivste Zeit des Biens. Auch die Imker sind voll gefordert, da sie nun wöchentlich nach ihren Bienen schauen müssen: Ist das Volk gut durch den Winter gekommen? Reicht das Futter für die noch kalten Tage? Wie stark ist das Trachtangebot?

 ### Sommer 78

* Der Bien hat seine maximale Volkstärke erreicht. Sind die Völker stark, kann man sich mit der Völkervermehrung befassen. Außerdem ist Schwarmzeit. Lässt man seine Bienen schwärmen oder will man dies verhindern? Die Honigproduktion läuft jetzt auf vollen Touren, und die Ernte beginnt.

 ### Herbst 112

* Die Bienen haben das Brutgeschäft eingestellt, und auch die Drohnenschlacht gehört zu den Vorkehrungen für den Winter. Der Imker versorgt seine Völker mit Futtervorräten und behandelt sie gegen die Varroamilbe. Jetzt ist auch die letzte Gelegenheit, schwache Völker mit starken zu vereinigen.

 ### Winter 122

* Es ist Ruhe eingekehrt im Bienenstock. Jetzt kümmert sich der Imker um die Reinigung und Reparatur der Beuten und schmilzt das Wachs ein. Passt das Wetter, behandelt er die Bienen ein letztes Mal gegen die Varroamilbe. Noch ein paar Wochen, und der Kreislauf des Lebens beginnt von Neuem.

FRÜHLING IM IMKERJAHR

ENDLICH WÄCHST UND BLÜHT ES WIEDER NACH DER LANGEN WINTERRUHE. EIN **BLÜTENTEPPICH** LEGT SICH ÜBER DIE LANDSCHAFT. FÜR DIE **BIENEN** IST DAS EIN PARADIES, BEDEUTET ABER AUCH SCHWERSTARBEIT. EMSIG **SAMMELN** SIE DEN **ERSTEN NEKTAR** UND SCHLEPPEN **BLÜTENPOLLEN** UND WASSER IN DEN BIENENSTOCK.

FRÜHLING IM IMKERJAHR

Erste Völkerdurchsicht

Endlich ist der Winter vorbei. Im Vorfrühling, an einem sonnigen Tag Mitte März, wenn die Temperatur über 15 °C steigt, ist der richtige Zeitpunkt, um das erste Mal im Jahr nach den Bienen zu schauen.

Für die Bienen ist die Winterruhe vorbei. Sie haben die Wintertraube (→ Seite 116) verlassen, tragen Wasser, Pollen und den ersten Nektar ein und betreiben Hausputz. Sie säubern den Boden der Beute und transportieren im Winter gestorbene Bienen aus dem Stock. Einige erweisen sich als echte Sonnenanbeter: Sie sitzen außen auf der Beute und genießen die ersten Sonnenstrahlen. Bevor Sie die Beute öffnen und in das Innere schauen, lohnt ein Blick ans Flugloch. Hier können Sie schon einiges über den Zustand des Volks ablesen. Wenn die Bienen bereits Pollen eintragen, haben sie ihre Kinderstube schon eröffnet und ziehen die ersten Nachkommen auf. Laufen die Bienen jedoch unruhig am Flugloch hin und her, ist die Königin wahrscheinlich im Lauf des Winters gestorben. Bestätigt sich dieser Verdacht beim Blick in die Beute, bleibt Ihnen nur, das Volk aufzulösen und die Bienen etwas abseits vom Bienenstand von den Waben zu kehren. Sie werden sich in andere Völker einbetteln, d. h., sie bringen ein »Nektargeschenk« zu einem anderen Volk und dürfen sich dann diesem anschließen.

Viele braune Flecken am Flugloch deuten auf eine Durchfallerkrankung der Bienen hin. Hier braucht das Volk Ihre Unterstützung. Es wird dann eingeengt, indem Sie alle unbesetzten Waben herausnehmen und nur drei bis vier volle Futterwaben vom letzten Jahr links und rechts vom Brutnest stehen lassen. Meist erholen sich diese Völker sehr gut.

Wenn ein Volk stirbt

Können Sie keinen Bienenflug entdecken und sind beim Öffnen der Beute keine lebenden Bienen zu finden, ist das Volk im Winter eingegangen. Verschließen Sie die Fluglöcher, entfernen Sie bei nächster Gelegenheit die Beute vom Bienenstand, und reinigen Sie sie daheim.

Erlauben es die Temperaturen, ist jetzt Zeit für eine erste Völkerdurchsicht.

Zuerst die Völker wiegen. Dazu die Beute rechts und links mit einer Kofferwaage anheben, Gewichte addieren und das Gewicht von Beute plus Bienen (23-26 kg, je nach Beute) abziehen. 8 kg Futtervorrat sollten vorhanden sein, damit sich das Volk bis zum großen Blühen gut entwickeln kann.

Zügeln Sie Ihre Neugier, und öffnen Sie die Beute nur kurz. Ist Bienenbrut in allen Stadien vorhanden, ist alles gut, und die Königin hat den Winter gut überstanden. Jedes längere Öffnen stört empfindlich den Wärmehaushalt im Bienenvolk.

Wenn nötig, wird das Volk auf seine tatsächliche Größe eingeengt. Dazu entnimmt man leere Brutwaben und verringert den Brutraum mit einem Trennschied. So muss der Bien keinen leeren Raum in den noch kalten Nächten warm halten und kann seine Energie auf das Brutgeschäft fokussieren.

Pollen in der Wabe ist ein gutes Zeichen: Er ist die wichtigste Eiweißquelle der Bienen. Gerade im zeitigen Frühjahr ist Pollen überlebenswichtig. Jungbienen erhalten ihn vermischt mit Honig als Powernahrung für eine optimale Entwicklung. Je nach Pflanzenart ist der Pollen unterschiedlich gefärbt.

FRÜHLING IM IMKERJAHR

Völkerexplosion: Das Volk vermehrt sich

In großen Schritten steuert das Frühjahr auf den Sommer zu: Alles blüht. Pollen und Nektar gibt es jetzt im Überfluss, und die Stärke des Bienenvolks nimmt explosionsartig zu.

Info

Mittelwände gibt es im Fachgeschäft. Kaufen Sie jedoch nur solche aus Bio-Wachs mit Zertifikat. Damit tun Sie viel für die Gesundheit Ihres Bienenvolks.

Ab April schlüpfen in Scharen Jungbienen. Sie sind an ihrem grauen Pelz gut zu erkennen. Die Bienen brauchen jetzt mehr Platz, d. h., das Brutnest muss erweitert werden. Dazu hängt man als Erstes den Drohnenrahmen an seinen Platz am Rand des Brutnests (→ Seite 54). Bei sehr großen Völkern nimmt man zwei Drohnenrahmen. Die Bienen werden diesen Rahmen, der keine Mittelwand hat, schnell ausbauen, d. h. mit Drohnenbrut füllen und die Drohnen großziehen. Mit diesem Rahmen geht es aber auch auf natürliche Art und Weise der Varroamilbe an den Kragen. Denn sie vermehrt sich bevorzugt in der Drohnenbrut. Man schneidet die Waben aus diesen Rahmen deshalb regelmäßig aus, nachdem die Bienen die Brut verdeckelt haben, und entfernt so die in den Zellen sitzenden Varroamilben aus dem Volk. Der Drohnenrahmen dezimiert nicht nur die Varroamilben, sondern verrät auch viel über das Bienenvolk. Wird dieser Rahmen gleichmäßig von oben bis unten mit Waben ausgebaut, ist alles im grünen Bereich. Lässt der Bautrieb jedoch nach und sind dort nicht zusammenhängende Waben ähnlich Girlanden zu finden, sollten Sie sich das Bienenvolk genauer anschauen. Mit Sicherheit werden Sie Weiselzellen am Rand der Brutwaben finden: ein sicheres Zeichen, dass sich das Bienenvolk vermehren will.

Die deutlich größere Königin ist zwischen den Arbeiterinnen gut zu erkennen.

Zusätzlichen Raum bieten

Das Bienenvolk wächst weiter. Ist die erste Hälfte des Drohnenrahmens ausgebaut, was unter guten Bedingungen nach einer Woche der Fall ist, ist es Zeit, dem Bienenvolk noch mehr Platz zu verschaffen. Dazu hängt man beim Dadantsystem zusätzliche Rahmen

Völkerexplosion

Der Drohnenrahmen wird in die Dadantbeute eingehängt.

Im Bienenvolk sind jetzt große Mengen Brut und viele Jungbienen zu sehen.

direkt an das Brutnest an. Im Zandersystem setzt man eine zusätzliche mit Rahmen gefüllt Zarge auf. Beides hat den gleichen Effekt: Die Bienen haben trotz des wachsenden Brutnests Platz, Vorräte im Brutraum einzulagern. Denn 4 kg Futtervorrat sind als Minimum notwendig, sonst reduziert die Königin ihre Legetätigkeit.

Damit das Volk in den neuen Rahmen nicht nur Drohnenbrut anlegt, verwendet man jetzt Rahmen mit Mittelwänden. Die Bienen bauen diese Platten im Frühjahr bei entsprechender Witterung sehr zügig mit Waben aus, und in diese Zellen legt die Königin ihre Eier. Um das Brutnest legen die Bienen dann eine Art Vorratskammer mit Pollen und Honig an. Dieser zusätzliche Raum dämpft außerdem den Schwarmtrieb, denn die zahlreich schlüpfenden Bienen sind mit dem Bauen und der Brutpflege beschäftigt, sodass sie gar nicht auf die Idee kommen auszuziehen. Wird das Volk dann größer und größer, legen die Bienen Weiselzellen an. Sie sind an den seitlichen Rändern oder am unteren Rand der Wabe zu finden. Sind die Weiselzellen noch nicht bestiftet, also hat die Königin noch kein Ei in sie gelegt, nennt man sie Spielnäpfchen. Sind Eier oder Rundmaden darin zu finden, ist das Volk in Schwarmstimmung: Irgendwann wird die alte Königin mit einem Teil des Volks ausziehen und eine junge Königin das Regiment übernehmen.

FRÜHLING IM IMKERJAHR

Bienenpflanzen für den Garten

Ob Stauden, Kräuter oder Blumenwiesen: Mit den richtigen Blütenpflanzen finden Honig- und Wildbienen im naturnah angelegten Garten einen reich gedeckten Tisch.

Spätestens wenn die ersten Schneeglöckchen, Krokusse und Winterlinge aus der Erde kommen, zieht es jeden gartenbegeisterten Menschen in die Gartengeschäfte oder zum Gärtner nebenan, um sich nach neuen »Ensemblemitgliedern« für den großen Blütenrausch umzuschauen.

Die Auswahl an üppig blühenden Pflanzen ist schier unendlich. Für die Insekten ist die Enttäuschung allerdings groß, wenn auf dem hübsch dekorierten Beet das Festmahl schließlich doch nicht stattfindet. Denn viele dicht gefüllten Blüten bieten keinen oder nur wenig Nektar und Pollen. Als bienen- und insektenfreundlicher Naturgärtner achtet man deshalb darauf, die »Speisekarte« vielseitig im Sinne der Bienen zusammenzustellen. Um das Mahl nicht zu verderben, versteht es sich von selbst, dass man auf Pestizide und künstliche Düngung verzichtet.

Futterquelle Blumenwiese

Wer beim ersten Rasenmähen kleine Inseln mit Frühjahrsblühern wie Gänseblümchen und Löwenzahn stehen lässt, erhält die für Insekten gerade im Frühling so wichtigen ersten Nahrungsangebote. Verzichtet man im Garten auf den englischen Rasen sogar ganz und sät stattdessen eine Wildblumenwiese an, bietet man Bienen bis in den Herbst hinein Futter. Geeignet sind dafür Flächen von mindestens 100–200 Quadratmeter. Der Handel bietet verschiedene Mischungen für trockene, normale oder feuchte Böden an. Die Aussaat erfolgt von März bis Mai. Wer weniger Platz hat oder den Rasen als Spielfläche für die Kinder benötigt, kann auch in Beeten sogenannte Bienenweiden ansäen. Auch hier gibt es mittlerweile eine große Auswahl an verschiedenen Mischungen. Sie enthalten zum Beispiel Phacelia, Kornblume, Klee, Klatschmohn, Buchweizen und vieles mehr.

Je größer die Artenvielfalt, umso besser ist die Wiese als Bienenweide.

Zunächst hebt man ein ausreichend tiefes Pflanzloch für die Staude aus.

Die Staude tief genug einpflanzen, Erde festdrücken und kräftig angießen.

Stauden und Kräuter

Im März, spätestens im April ist es Zeit, Stauden zu pflanzen. Lavendel, Storchschnabel, Malve, Katzenminze, Indianernessel oder Sonnenhut sorgen dafür, dass es im Garten von Frühjahr bis Herbst blüht und die Bienen mit reichlich Nahrung nach Hause fliegen (→ Seite 92–93). Die Stauden werden je nach ihren Bedürfnissen an einen sonnigen oder halbschattigen Platz in ein entsprechend großes Pflanzloch mit reichlich frischer Erde gesetzt und kräftig angegossen. Manche Arten brauchen etwas mehr Pflege und müssen z. B. etwas gestützt werden. Auch Kräuter wie Salbei, Thymian oder Pfefferminze werden zur Blütezeit im Sommer gern von Insekten angeflogen und deshalb jetzt im Frühjahr gepflanzt. Ringelblume, Borretsch, Phacelia, Kapuzinerkresse und Natternkopf etc. sät man jetzt aus, damit sie im Frühsommer ihre ganze Pracht entfalten. Besonders lange blüht der Borretsch. Seine blauen, sternförmigen Blüten fliegen die Bienen von Ende Mai bis Anfang Oktober an. Er ist sehr pflegeleicht, und einmal ausgesät, kommt er zuverlässig jedes Jahr wieder. Wenn man dann im Sommer die emsig Pollen und Nektar sammelnden Bienen auf dem Sonnenhut und geschäftig brummende Hummeln am Lavendel beobachten kann, weiß man, dass man als Naturgärtner alles richtig gemacht hat.

FRÜHLING IM IMKERJAHR

Nektarquellen im Frühling

Märzenbecher
Leucojum vernum

Pflanztiefe: 3–5 cm | Pflanzabstand: 10 cm

Wenn sich ab Februar die Blütenglöckchen mit den grünen Tupfen am Blütensaum durch den Schnee schieben, ist das Frühjahr in Sicht. Einmal gepflanzt, vermehrt sich der 10–30 cm hohe Märzenbecher von selbst und bildet wunderschöne Blütenteppiche. Die Pflanze heißt auch Frühlingsknotenblume, sie ist in allen Teilen giftig.
Pflege: Nach der Blüte das Grün nicht abschneiden. Die Pflanze zieht daraus Kraft für das nächste Jahr.

Winterlinge
Eranthis hyemalis

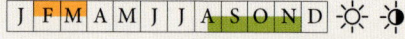

Pflanztiefe: 5 cm | Pflanzabstand: 8–10 cm

Manchmal leuchten die sattgelben Blütenteppiche des Winterlings schon im Januar. Die Blüten stehen auf 10 cm hohen, dicken Stielen. Der anspruchslose Frühblüher ist winterhart und braucht nur einen humusreichen, feuchten Boden. Die Pflanze ist sehr giftig!
Pflege: Wie bei allen Frühblühern sollen die Blätter erst abgeschnitten werden, wenn sie vergilbt sind.
Extra: An sonnigen Wintertagen nutzen die Bienen den Winterling als erste Nahrungsquelle.

Frühlings-Krokus
Crocus vernus

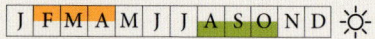

Pflanztiefe: 6 cm | Pflanzabstand: 5–10 cm

Der 10–15 cm hohe Frühlings-Krokus ist ein Klassiker unter den Frühblühern. Aus den grünen, weiß gestreiften Blättern ragen trichterförmige Blüten in Weiß oder Violett. Am schönsten wirken Krokusse in Gruppen. Einmal gepflanzt, entstehen durch Tochterzwiebeln Kolonien, und das Blütenmeer wächst von Jahr zu Jahr.
Pflege: Erst wenn die Blätter vergilbt sind, werden sie entfernt. Wachsen die Krokusse im Rasen, sollte man beim Mähen die Blätter so lange aussparen, bis sie vollständig eingezogen sind.

■ = Blüte   ■ = Aussaat   ■ = Pflanzung   ☼ Sonne   ◐ Halbschatten   ● Schatten

Nektarquellen im Frühling

Bergenie
Bergenia cordifolia

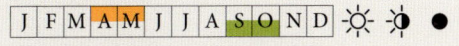

Pflanzabstand: 30 – 40 cm

Die immergrünen, winterharten und 30 – 50 cm hohen Stauden zieren den Garten von April bis Mai mit rosa oder roten Blütenrispen. Die robusten, anspruchslosen Pflanzen nehmen mit jedem Boden vorlieb und eignen sich sehr gut als Bodendecker. Ab Herbst schmücken sie den Garten zusätzlich mit ihrem Laub, das dann in allen Rottönen leuchtet.
Pflege: Man entfernt im Herbst abgeblühte Blütenstiele und im Frühjahr welke oder beschädigte Blätter. Die Vermehrung erfolgt durch Teilung. Vorsicht: Die Pflanze ist empfindlich gegen Spätfröste.

Steinkraut, Duftsteinrich
Lobularia maritima

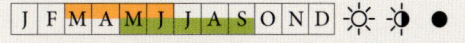

Pflanzabstand: 15 cm

Die 10 – 15 cm hohen Pflanzen mit den weißen, rosa oder lila Blüten bilden dichte Teppiche. Die schnell wachsende Staude eignet sich gut als Bodendecker, zur Beeteinfassung oder für den Steingarten. Sie ist anspruchslos und gedeiht sogar in Ampeln und Balkonkästen gut.
Pflege: Wenn man das Steinkraut nach der ersten Blüte zurückschneidet, treibt es neue Blüten, anstatt Samen zu bilden.
Extra: Man ahnt es, wenn man an den winzigen Blüten riecht: Sie duften stark nach Honig und sind eine gute Futterquelle für Bienen.

Blaukissen
Aubrieta-Hybriden

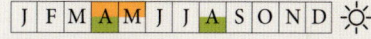

Pflanzabstand: 20 – 30 cm

Die 10 – 15 cm hohen Blütenkissen schmücken den Garten im Frühjahr mit leuchtenden Farben von Violett, Rosa, Blau und Rot bis hin zu Weiß. Die kleinen lanzettlichen Blätter der winterharten Staude sind graugrün.
Pflege: Die Pflanzen mögen es, wenn man dem Boden ab und zu eine Portion Kalk und Dünger verabreicht. Nach der Blüte schneidet man sie um etwa die Hälfte zurück. Das Blaukissen ist robust und verträgt auch Frost gut.
Extra: Nicht nur Honigbienen, sondern auch Wildbienen schätzen die Blüten.

FRÜHLING IM IMKERJAHR

Die Honigproduktion beginnt

Im Vollfrühling, also im Mai, entwickelt sich das Bienenvolk dank des Nektarüberflusses prächtig. Der Imker setzt jetzt u. a. den Honigraum auf, damit die Bienen reichlich Honig einlagern können.

Weil er sehr schwer ist, sollte man nur einen halben Honigraum aufsetzen.

Das Absperrgitter trennt den Brutraum vom Honigraum.

Durch den reichlichen Nektarfluss wird der Brutraum schnell eng, und zusätzlicher Raum muss her. Die beginnende Apfelblüte ist das Startsignal für den Imker, die Honigräume aufzusetzen. Bleibt das Wetter warm, beginnen die Bienen schnell, in dem neuen Honigraum Honig einzulagern.

Gibt es jedoch einen Kälteeinbruch oder sind die Völker nach dem Winter schwach, kann es einige Zeit dauern, bis die Bienen diesen zusätzlichen Raum annehmen. Aber keine Angst: Die Bienen finden schon den Weg und wissen selbst ganz gut, wann sie ihre Wohnung erweitern müssen. Ratschläge wie das Umhängen von Brutwaben in den Honigraum sollten Sie ignorieren. Das würde nur die Ordnung der Bienen stören.

Absperrgitter

Viele Imker verwenden zwischen dem Honig- und dem Brutraum ein Absperrgitter. Das ist ein Gitter, durch das die Arbeiterinnen mühelos hindurchschlüpfen können. Die etwas größere Königin passt jedoch nicht hindurch. Die Folge ist, dass sich niemals Bienenbrut im Honigraum befindet. Das vereinfacht das Imkern in vieler Hinsicht. Zum einen muss man die Honigräume nicht auf mögliche Schwarmzellen (zur Schwarmzeit angelegte Weiselzellen) kontrollieren, zum anderen kann man den Honig sofort ernten, weil man

nicht abwarten muss, bis noch vorhandene Bienenbrut geschlüpft ist.
Ist der erste Honigraum halb gefüllt, stellt der Imker den Bienen einen weiteren Honigraum zur Verfügung. Dieser ist mit Rahmen bestückt, die entweder mit Mittelwänden versehen sind oder nur mit sogenannten Anfangsstreifen, wenn man die Bienen viel im Naturwabenbau bauen lässt.
Man kann den zweiten Honigraum entweder zwischen den Brutraum und den ersten Honigraum oder auf den ersten Honigraum setzen. Beides hat Vor- und Nachteile. Die klassische Variante, das Aufsetzen auf den ersten Honigraum, stört die Bienen am wenigsten, es kann aber eine den Schwarmtrieb fördernde »Honigkappe« entstehen, weil das Brutnest durch bereits verdeckelte Honigwaben eingeengt wird. Setzt man den neuen Honigraum dagegen zwischen den Brut- und den ersten Honigraum, befindet sich der bereits gesammelte Honig oben am wärmsten Ort im Bienenstock. Er wird dort von den Arbeiterinnen weiter umgetragen und kann optimal trocknen und reifen.

Wenn der Platz knapp wird

Ab jetzt ist es nötig, wöchentlich die Entwicklung im Volk zu beobachten. Da bei einer Massentracht große Mengen Nektar eingetragen werden, sollten Sie jedes Mal den Platzbedarf Ihres Volks prüfen. Nur so kann es sich optimal entwickeln.
Über das Maß der Bautätigkeit im Drohnenrahmen bekommen Sie einen Eindruck davon, ob sich das Volk vermehren und irgendwann ausschwärmen will (→ Seite 70).

Dank des Absperrgitters muss nur der Brutraum auf Weiselzellen untersucht werden.

Sind am Rand der Brutrahmen außerdem Zellen zu finden, in denen Königinnen aufgezogen werden, müssen Sie deren Entwicklungsstand abschätzen und, wenn Sie den Schwarm nicht ziehen lassen wollen, eingreifen, indem Sie die Zellen entfernen oder andere Maßnahmen ergreifen (→ Seite 85). Wenn Sie der Natur jedoch ihren Lauf lassen, schwärmen die Bienen bald aus. Von dem Legen eines Eis bis zur kleinen Made dauert es drei Tage. Von der Made bis zum Verdeckeln der Zelle noch einmal fünf Tage. Das ist der früheste Zeitpunkt, zu dem die alte Königin mit einem Teil der Bienen ihr Zuhause verlässt, um sich eine neue Behausung zu suchen. Das passiert jedoch nur bei gutem Wetter. Die neuen Königinnen schlüpfen dann nach weiteren acht Tagen und starten wenig später ihren ersten Ausflug, um sich von den reichlich vorhandenen Drohnen in luftigen Höhen begatten zu lassen. Eines der jungen Völker bleibt dann im alten Stock, die anderen suchen sich eine neue Bleibe.

SOMMER IM IMKERJAHR

HEISSE TAGE, LAUE NÄCHTE. ALLES BLÜHT UND GEDEIHT. DER **SOMMER** IST DA – FÜR BIENEN UND IMKER SIND DIE KOMMENDEN WOCHEN DIE **ARBEITSREICHSTE ZEIT** IM JAHR. **NEUE KÖNIGINNEN** ENTSTEHEN, **BIENENVÖLKER VERMEHREN** SICH, UND DER LOHN FÜR DIE GANZE ARBEIT, DIE ERSTE **HONIGERNTE**, STEHT VOR DER TÜR.

SOMMER IM IMKERJAHR

Völkervermehrung und Königinnenzucht

Im Idealfall lebt ein Bienenvolk ewig. Es zieht sich immer wieder neue Bewohner selbst heran. »Seid fruchtbar und mehret euch« ist das Motto für die Bienen unter idealen Bedingungen.

Info

Bester Termin für die Vermehrung ist der frühe Mai. Dann entstehen oft die besten Bienenvölker, da sie schon die Sommertracht im Juli für ihre Wintervorräte nutzen können.

Junge Völker sind für jede Imkerei wichtig. Sie sind eine wichtige Reserve, um Winterverluste auszugleichen und verlorene oder alte Königinnen zu ersetzen.
Bei der Vermehrung der Bienenvölker gibt es verschiedene Möglichkeiten:

* Lässt man der Natur ihren Lauf, vermehren sich Bienenvölker ganz von allein über Bienenschwärme – ein faszinierendes Schauspiel (→ Seite 84).
* Möchte ein Imker gezielt ein neues Bienenvolk begründen, ist es eine Möglichkeit, Brutableger zu bilden (→ Seite 82). Dabei bleibt die Königin im alten Volk, und die mit den Brutwaben entnommenen Bienen züchten eine neue Königin nach. Diese gezielte Vermehrung hat Vorteile: Sie als Imker haben einen Einfluss darauf, welche Völker sich vermehren. Im besten Fall wählen Sie Völker aus, die sich als robust gegenüber Krankheiten erwiesen haben, fleißig Honig eintragen und friedfertige Gesellinnen sind.
* Bildet man einen sogenannten Königinableger, entnimmt man Waben samt der alten Königin, und das alte Volk züchtet eine neue Königin nach. Sinnvoll ist das, wenn die Arbeiterinnen mit ihrer Königin nicht mehr zufrieden sind, weil sie in ihrer Leistung nachlässt. Man erkennt das daran, dass das Brutnest nicht mehr so groß und kompakt ist und Brut- und Futterzellen nicht mehr klar getrennt angelegt werden.
* Eine weitere Methode ist der sogenannte Kunstschwarm. Dabei kehrt man einen Teil des Volkes in eine neue Zarge und setzt eine fremde Jungkönigin zu. Manche Imker kritisieren die Methode, da hier der Ertrag an oberster Stelle steht und keine Rücksicht auf den Bien als Gesamtorganismus genommen wird.

Vermehrungszeit ist die sogenannte Schwarmzeit von Ende April bis zur Sommersonnenwende am 21. Juni. Das ist der

Weiselzellen: Die erste schlüpfende Königin wird ihre Konkurrentinnen töten.

Völkervermehrung und Königinnenzucht

optimale Zeitraum, weil jetzt in der Natur alles im Überfluss vorhanden ist. Zu dieser Zeit finden auch kleine, neue Bienenvölker optimale Wachstumsbedingungen vor. Natürlich variiert dieser Zeitraum von Jahr zu Jahr etwas, da jedes Jahr anders verläuft.

Königinnenzucht

Die Königinnenzucht ist nur etwas für fortgeschrittene Imker. Große Imkereien züchten Königinnen, da diese immer wieder gebraucht werden und oft in der notwendigen Stückzahl nicht dazugekauft werden können. In der Königinnenzucht geht es darum, von ausgewählten Bienenvölkern gezielt neue Königinnen nachzuziehen. Es werden unterschiedliche aufwendige Verfahren eingesetzt, um die Weiselzellen zu gewinnen. Der Imker wählt kleinste Larven aus dem jeweiligen Bienenvolk aus. Er setzt sie vorsichtig aus ihrer ursprünglichen Behausung in künstliche Weiselnäpfchen. Diese hängt er anschließend in ein Volk ohne Bienenkönigin ein. Die Bienen sind froh über den potenziellen Nachwuchs, pflegen die neuen Larven weiter und füttern sie mit dem Königinnenfuttersaft. Sind die Weiselzellen von den Bienen verschlossen worden, stülpt der Imker einen kleinen Käfig über jede Zelle, damit die erste schlüpfende Königin die anderen nicht tötet, oder er lässt sie in Mini-Bienenvölker schlüpfen. Meist kommen diese Völkchen auf einen neuen Standplatz, wo die Königin zur Begattung ausfliegen kann. Kommt sie heil zurück und legt sie nach einigen Tagen Eier, hat alles geklappt. Ein neues kleines Volk ist entstanden.

Bei der Umsetzung der Larven ist größtes Fingerspitzengefühl gefragt.

Umsetzung geglückt: Die Bienen bauen Weiselzellen und ziehen die Königin auf.

SOMMER IM IMKERJAHR

Schritt für Schritt zum neuen Bienenvolk

Einen Brutableger zu machen, also ein neues Bienenvolk, ist auch für Anfänger kein Hexenwerk. Man nutzt einfach die Tatsache, dass ein Bienenvolk, wenn die Königin fehlt, sich eine neue nachzieht.

DAS BRAUCHEN SIE:
* eine Bienenbeute oder einen Ablegerkasten
* einen leeren Rahmen * eine Futterwabe

So eine gut besetzte Brutwabe ist ideal zum Bilden eines Brutablegers.

Zwischen Ende April und Ende Mai entnehmen Sie eine Brutwabe mit offener Brut, zwischen Ende Mai und Ende Juni mindestens zwei bis drei Brutwaben, damit das neue Volk noch eine gute Größe erreicht. Wichtig ist, dass Eier und jüngste Larven auf der Wabe sind. Diese Wabe kommt ganz an der Rand der neuen Beute. Dann hängen Sie ein leeres Rähmchen dazu. Zum Schluss bekommt das neue Volk noch eine Futterwabe als Proviant mit auf den Weg. Das reicht, bis es selbst in der Lage ist, ausreichend für Nahrung zu sorgen. Ist keine Futterwabe vorhanden, füttern Sie das Volk, damit es nicht verhungert. Dazu hängen Sie eine Futtertasche ein, die Sie mit maximal 1 l Zuckerlösung (3 Teile Zucker, 2 Teile Wasser) füllen (→ Seite 108–109). Mehr Futter würde dieses kleine Volk überfordern. Eventuell verkleinern Sie den Brutraum noch mit einem Schied und engen das Flugloch so stark ein, dass gerade noch zwei Bienen aneinander vorbei kommen.

Nach 16 Tagen prüfen Sie, ob die Königin geschlüpft ist. Dazu schieben Sie die Waben vorsichtig auseinander und schauen, ob eine Weiselzelle geöffnet ist. Nach einer weiteren Woche sollte die Königin vom Begattungsflug zurück sein. Entdecken Sie in den Brutzellen weiße Stiftchen, hat alles geklappt. Fertig ist das neue Bienenvolk!

Suchen Sie eine schöne Brutwabe mit Bienenbrut in allen Stadien (Eier und Larven) aus dem alten Bienenvolk heraus. Aber Vorsicht: Nicht die Königin mitnehmen. Sie muss im alten Kasten bleiben.

Setzen Sie diese Brutwabe ganz an den Rand in einen neuen Bienenkasten.

Danach kommt ein leerer Rahmen dazu. Den Abschluss bildet eine Futterwabe. Sie enthält die nötigen Vorräte für den Start des neuen Bienenvolks.

Als Letztes setzen Sie noch ein Schied hinein. Diese Trennwand verkleinert das Volumen des Bienenkastens. Damit helfen Sie den Bienen beim Regulieren ihres Wärmehaushalts. Nun noch das Flugloch stark verkleinern, Deckel drauf – und fertig!

SOMMER IM IMKERJAHR

Die Bienen kommen ins Schwärmen

Es ist ein faszinierendes Schauspiel, wenn die Königin ausschwärmt und ein neues Volk begründet. Wann das passiert, kann man an einigen Anzeichen gut erkennen.

Ab Ende April kommen die Bienenvölker in Schwarmstimmung. Bienen und Vorräte sind im Überfluss vorhanden, sodass das Volk das Experiment wagt, sich zu teilen. Es beginnt die Schwarmzeit. Sie erlischt mit der Sommersonnenwende Ende Juni. Übrigens entwickelt nicht jedes Bienenvolk einen gleich starken Schwarmtrieb: Manche neigen stark zum Schwärmen, andere weniger. Gründe dafür sind genetische Faktoren, aber auch Platzmangel und das Alter der Königin spielen eine Rolle.

Mit etwas Geduld können Sie beobachten, wie Ihre Bienen nach und nach in Schwarmstimmung kommen. Dann verändern sie nämlich unübersehbar ihr Verhalten: Sie bauen kaum noch Waben, putzen kaum noch, und auch die Sammelflüge werden deutlich reduziert. Manchmal kann man beobachten, wie die Bienen untätig herumsitzen oder am Flugloch hängen.

Prüfen Sie nun alle acht Tage, ob Ihr Volk tatsächlich ins Schwärmen gerät. Ist es so weit, legen die Bienen meist an den Seiten oder an dem unteren Rand der Brutwaben mehrere Schwarmzellen an – so nennt man die Weiselzellen, die zur Schwarmzeit angelegt werden. Sie unterscheiden sich in ihrer Form und Größe deutlich von den anderen Brutzellen, deshalb kann man sie gut erkennen (→ Seite 80).

Schließlich legt die alte Königin dort hinein ein kleines Ei. Ist die erste Schwarmzelle verdeckelt und spielt der Wettergott mit, zieht die alte Königin mit einem Drittel der Bienen um die Mittagszeit aus. Auf ihre Reise ins Ungewisse nehmen die Bienen Proviant für drei Tage mit. Ein einzigartiges Naturschau-

Weil er gut zugänglich an einem Astende hängt, lässt sich dieser Bienenschwarm leicht einfangen.

Die Bienen kommen ins Schwärmen

Mit den Spielnäpfchen, gut zu sehen am Rand des Rähmchens, üben die Bienen den Bau von Schwarmzellen.

spiel beginnt. Innerhalb weniger Minuten sprudeln die Bienen aus ihrem Bienenstock und schrauben sich in einer Spirale in die Luft. Als Letztes fliegt die Königin los. Ein Tosen und Schwirren erfüllt die Umgebung, und die Bienen fliegen meist zu einem nahe gelegenen Baum. Dort bilden sie an einem Ast eine Schwarmtraube. Das ganze Schauspiel dauert ungefähr fünf bis zehn Minuten. Oft lassen sich die Bienen in der Nähe ihres Bienenstocks nieder – zunächst nur die Königin mit einem kleinen Häufchen Bienen. Aber nach und nach – angelockt vom Duft ihrer Schwestern – gesellen sich auch die anderen Bienen des Schwarms dazu. Haben sich die Bienen auf eine neue Behausung geeinigt, fliegt der ganze Schwarm in Richtung seines neuen Zuhauses davon.
Ist das daheim gebliebene Volk noch sehr stark, kann es zu Nachschwärmen kommen. Sie sind jedoch viel kleiner als der Schwarm mit der alten Königin.

Ziehen lassen oder nicht?

Wenn Sie entdecken, dass Ihre Bienen in Schwarmstimmung sind, müssen Sie sich entscheiden. Entweder Sie lassen den Schwarm ziehen, oder Sie versuchen rasch, ihn einzufangen (→ Seite 86 / 87).
Wenn Sie jedoch ganz verhindern wollen, dass Ihre Bienen schwärmen, müssen Sie den Schwarmtrieb rechtzeitig lenken. Dann entfernt man alle Schwarmzellen aus dem Volk. Schütteln Sie zuerst von jeder Wabe die Bienen in die Beute ab. Dazu heben Sie die Wabe ungefähr zu einem Drittel aus dem Kasten und stoßen zwei- bis dreimal leicht nach unten. Keine Angst, die Königin geht dabei nicht verloren. Nun lassen sich die Schwarmzellen leicht entdecken und entfernen. Eine andere Möglichkeit ist es, diese Zellen zur Bildung einer Variante des Brutablegers zu nutzen, indem man eine Wabe mit einer Schwarmzelle entnimmt, oder Sie bilden einen Königinableger (→ Seite 80).

SOMMER IM IMKERJAHR

Einen Bienenschwarm einfangen

Die Kunst, einen Bienenschwarm zu fangen, liegt im Fangen der Bienenkönigin. Ihr folgen alle Schwarmbienen. Sobald Sie die Schwarmtraube im Baum entdecken, kann es losgehen.

DAS BRAUCHEN SIE:

* Wasserzerstäuber * Fangbehälter, z. B. Schwarmfangbeutel, Schwarmkasten oder Drahtpapierkorb mit Deckel
* Leiter * Abkehrbesen * evtl. Gartenschere oder Astsäge

Zum Einfangen des Schwarms bedarf es nur weniger Utensilien, darunter eines Schwarmkastens.

Eine wichtige Information vorab: Als Eigentümer des Bienenschwarms dürfen Sie zum Fangen fremde Grundstücke betreten. Eventuelle Schäden müssen Sie jedoch ersetzen. Noch etwas: Hängt der Schwarm sehr weit oben im Baum, lassen Sie ihn lieber ziehen. Sprühen Sie zunächst die Schwarmtraube mit Wasser ein. Sie zieht sich dadurch dichter zusammen, und die Bienen fliegen beim Abschütteln nicht so leicht auf. Nun halten Sie den Fangbehälter unter die Bienen, befördern sie mit einem Ruck hinein und setzen den Deckel darauf. Alternativ sägen Sie den Ast mit dem Schwarm ab und schütteln die Bienen dann in den Behälter.

Mit etwas Glück haben Sie die Königin erwischt, und die Bienen fliegen hinterher. Wenn nicht, fliegen die Bienen aus dem Behältnis wieder auf, sammeln sich an der alten Stelle, und das Spiel beginnt von vorn. Ist der Schwarm im Behälter, stellen Sie ihn über Nacht an einen kühlen, dunklen Ort und besprühen ihn nochmals mit Wasser. Füttern ist jetzt nicht nötig. Damit die Bienen den Weg zu ihrem alten Heim vergessen, bringen Sie sie erst am nächsten Abend zur neuen Beute, rücken dort vier bis fünf leere Rahmen zur Seite und schütten sie vorsichtig hinein. Dann schließen Sie den Kasten und öffnen das Einflugloch. Füttern müssen Sie in der nächsten Zeit nur, wenn es kühl ist.

Wenn die Schwarmtraube zuvor mit Wasser eingesprüht wurde, fliegen die Bienen nicht so leicht auf. Das erleichtert das Einfangen des Schwarms.

Mit einem kräftigen Ruck befördern Sie die Bienen in den Schwarmfangbehälter. Stecken Sie ein Stückchen Holz zwischen Deckel und Behälter, damit eine Öffnung bleibt und noch nicht gefangene Bienen der Königin folgen können.

Nun geht es in die neue Beute. Die Bienen lassen sich wie eine zähe dunkle Masse leicht hineinschütten. Sie werden sofort auf die Waben krabbeln und anfangen zu bauen.

Am Einflugloch sehen Sie nun sterzelnde Bienen: Durch das Anheben des Hinterleibs wird eine Duftdrüse freigelegt, und mit schnellen Flügelschlägen wird der Duftstoff verbreitet. So locken die Bienen ihre Schwarmschwestern an, die beim Umfüllen aufgeflogen sind: Hier ist die Königin. Kommt her!

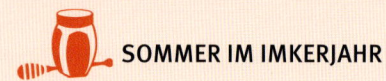

SOMMER IM IMKERJAHR

Der Bienenfänger oder ein Fall für sich

Wenn man zum ersten Mal als Imker-Neuling einen Schwarm einfängt, ist das ein großes Abenteuer. Wenn es dann klappt, ist die Leidenschaft geweckt: Wo ist der nächste Schwarm? Ein Erlebnisbericht.

»Eure Bienen schwärmen, kommt schnell«, ruft mein Bienenpate Max durch das Telefon. Sämtliches erlerntes Halbwissen über die Bienenschwärmerei und ihre Folgen rattert mir durch den Kopf. Kurze Zeit später stehe ich mit Frau und Kind in einem Gestrüpp aus Brennnesseln und dornenbewährtem Wildwuchs. Während wir uns langsam durch diesen Dschungel arbeiten, frage ich mich: »Wo sind die Bienen?« Max bleibt abrupt stehen, schaut nach oben und schüttelt dann langsam den Kopf. Ein wohlklingendes Summen macht sich breit. Was für ein wunderbares Naturschauspiel. Man möge sich vorstellen, wie in voluminöse Imkeranzüge verpackte Menschen mitten im wilden Grün mit offenem Mund nach oben schauend dastehen. »Das wird nichts«, sagt Max mit Kennerblick. »Die lässt du mal besser ziehen, das ist zu gefährlich!« In der Tat haben sich unsere Bienen ein Luxusplätzchen im Baum in etwa 12 m Höhe und ganz weit außen in der Baumkrone ausgewählt.

Während wir enttäuscht zurück zum Auto gehen, verspüre ich ein Kribbeln. Nein, sage ich mir, das ist zu gefährlich. Doch in Wahrheit ist dieser Ausflug der Startschuss zu einem riskanten Unterfangen.

Fang im Morgengrauen

Nächster Morgen, vier Uhr! Mit dem Klingeln des Weckers springe ich ungeduldig aus dem Bett. Noch schnell eine kurze Nachricht für meine Familie gekritzelt, und los geht es. Im fahlen Morgenlicht befinde ich mich bereits unter »meiner« friedlich vor sich hin brummelnden Bienentraube.

In etwa drei Meter Höhe im Geäst hängend, stelle ich zu meinem Entsetzen fest, dass hier Schluss ist. Zu weit ist die Distanz zum nächsten Ast. Da Aufgeben für mich keine

Jetzt muss es schnell gehen: Wo hat sich der Bienenschwarm nur niedergelassen? Hoffentlich hängt er in erreichbarer Höhe.

Nach dem Einfangen schnell den Deckel auflegen, damit die Bienen nicht auffliegen. Dabei muss man unbedingt darauf achten, möglichst keine Bienen zu zerquetschen.

Mit dem Fangkorb geht das Einfangen relativ einfach und ungefährlich. Befindet sich die Königin beim ersten Mal nicht im Schwarmbehälter, fliegen die Bienen wieder zu ihr zurück, und der Imker darf noch einmal auf die Leiter.

Option ist, entscheide ich mich für den Sprung nach oben. Im freien Fall wird mir meine Fehlentscheidung schmerzhaft klar. Am Boden aufgeschlagen, starre ich mit großen Augen in den morgendlichen Himmel. So weit scheint alles in Ordnung mit mir zu sein. Voller Wut über mich selbst und auf den Baum, schaffe ich es im zweiten Anlauf und befinde mich innerhalb weniger Minuten im Baumwipfel bei den Bienen. Um ein weiteres Risiko zu vermeiden, säge ich den Ast mit der Bienentraube ab und hangle mich samt Bienen vorsichtig nach unten.

Tausende von Bienen schwirren um mich herum, während ich mich zum Karton vorarbeite, den Rest der Bienentraube darin ablege und den Deckel schließe. Die ersten Bienen krabbeln durch einen Spalt nach außen, strecken ihre Hinterleiber in die Luft, wedeln kräftig mit den Flügeln und versprühen Pheromone. Sie sterzeln! Es ist geschafft! In diesem Moment spüre ich ein Zittern in meinen Knien, und mir wird übel. Der Sturz fordert seinen Tribut. Den Rest des Tags verbringe ich mit Kopfschmerzen und Schüttelfrost im Bett. Als ich mich gegen Abend erholt habe, ärgere ich mich über meinen Leichtsinn. Doch mein Sohn Valéry strahlt wie ein Honigkuchenpferd, und ich bin sein Held der Stunde. Max, unser Bienenpate, nickt bei der Nachricht vom geglückten Fang wohlwollend, und das ist ein kleiner Ritterschlag!

SOMMER IM IMKERJAHR

Blühendes Naherholungsgebiet: der Balkon

Ab dem Sommer lässt das Angebot an nektarreichen Blüten für die Bienen in Gärten und auf Wiesen deutlich nach. Gut, wenn dann auf bienenfreundlich bepflanzten Balkonen noch viel zu holen ist.

Mit einer bienenfreundlichen Bepflanzung auf Balkonen, Fensterbänken und in Hinterhöfen mitten in der Stadt entstehen farbenfrohe Oasen, in denen sich Menschen wohlfühlen und summende Bienen und brummende Hummeln sich wie an einem üppigen Buffet bedienen können.

Für solch ein »Bienen-Naherholungsgebiet« findet sich immer Platz. Blumenkästen und Pflanzenampeln schaffen auch auf dem kleinsten Balkon genug Raum, z. B. für eine Mischung aus Steinkraut, Glockenblume, Schmuckkörbchen und Ysop.

Die Auswahl an Töpfen und Kästen aus Terrakotta oder Kunststoff und sogenannten Growing Bags ist groß. In jedem Fall sollte man die Gefäßgröße auf die Pflanzengröße abstimmen. Damit die Töpfe auch im Winter draußen bleiben können und beim ersten Frost nicht platzen, wählt man frostfeste Gefäße. Wer möchte, kann aber auch leere Olivendosen, Obstkisten oder andere Recyclingbehälter bepflanzen.

Wichtig ist in jedem Fall ein guter Wasserabzug. Soweit nicht vorhanden, versieht man die Gefäße mit einem oder mehreren Wasserabzugslöchern. Nutzen Sie für Balkontöpfe grundsätzlich Untersetzer, die das Gießwasser auffangen – die Nachbarn werden es Ihnen danken. Eine Dränage leitet überschüssiges Wasser ab und verhindert Staunässe. Dafür füllt man zuerst eine Schicht Blähton in das Gefäß, legt ein Stück wasserdurchlässiges Vlies darüber und füllt schließlich Pflanzerde ein. Das Vlies verhindert, dass Erde in die Dränage geschwemmt wird und diese verstopft.

Dem Farbenspiel auf dem Balkon sind kaum Grenzen gesetzt.

Bunter Blüten-Mix

Blumen, Kräuter, Kletterpflanzen und Obst sind eine optisch gelungene Mischung, die auch den Bienen schmeckt. Stauden wie Sonnenhut – mit seinen prächtigen Blüten

Blühendes Naherholungsgebiet

So wird die Balkonbegrünung zum Familienspaß für Groß und Klein.

Wichtig ist bei Topfpflanzen eine ausreichende Bewässerung.

ein echter Hingucker – lässt sich gut mit Salbei in einem Topf kombinieren. Dann noch Töpfe mit Lavendel, Sonnenblumen und Astern dazustellen – fertig ist das Bienenmenü. Ganz oben auf dem Wunschzettel der Bienen steht die Bienenweide (Phacelia). Wenn man sie in Töpfe und Kästen sät, herrscht auf ihren Blüten Dauerbetrieb von Juni bis Ende September. Auch Ringelblume und Borretsch lassen sich gut im April und Mai im Gefäßen ansäen.

Viele blühende Küchenkräuter wie Schnittlauch, Oregano oder Thymian stellt man bei geringem Platzangebot am besten im Topf oder im Blumenkasten auf ein Fensterbrett. Bohnenkraut, Salbei, Minzen aller Art und Rosmarin runden nicht nur unsere Gerichte ab, sie locken auch Bienen, Hummeln und andere bestäubende Insekten an. Mittlerweile gibt es auch einige Sorten Säulenobst, die sich für Balkone eignen. Sie bieten Bienen Blüten und ermöglichen uns die eigene Apfel- oder Birnenernte. Kletterpflanzen wie Schwarzäugige Susanne oder Wilder Wein brauchen eine Wand oder andere Kletterhilfen. Auch mögen sie es kühl in Bodennähe. Sorgen Sie deshalb für Schatten, sodass sich die Gefäße nicht aufheizen. Perfekt wird der Balkon, wenn sich noch Platz für ein Wildbienenhotel findet. Platzieren Sie es so an einem trockenen Ort, dass der Eingang nach Süden zeigt.

Nektarquellen im Sommer

Ziersalbei, Hain-Salbei
Salvia nemorosa

| J | F | M | A | M | J | J | A | S | O | N | D | ☼

Pflanzabstand: 30–40 cm

Die 40–50 cm hohe Staude mit den blauen oder blauvioletten Blütenähren passt gut für naturnahe Gärten.
Pflege: Die Staude mag durchlässige Böden. Der Rückschnitt nach dem ersten Flor fördert die zweite Blüte. Im Herbst schneidet man sie ganz zurück.
Extra: Wie jede Salbeiart ist auch der Ziersalbei nicht nur optisch ein Leckerbissen, sondern bis in den September hinein ein Anziehungspunkt für Honig- und Wildbienen und andere Insekten.

Phlox
Phlox paniculata

| J | F | M | A | M | J | J | A | S | O | N | D | ☼ ◐

Pflanzabstand: 50–80 cm

Die würzig duftenden imposanten Blütenbälle des Phlox bereichern im Sommer jeden Garten oder Balkon. Es gibt sie in Weiß, Rosa, Rot, Orange, Lila und Violett. Je nach Sorte blüht die pflegeleichte bis zu 100 cm hohe Staude von Juni bis September.
Pflege: Eine Düngung mit Kompost, Brennnesseljauche und Hornspänen hält die Pflanze viele Jahre gesund. Phlox braucht ausreichend Feuchtigkeit, deshalb regelmäßig gießen. Schneidet man ihn nach der Blüte um ein Drittel zurück, blüht er bis weit in den Herbst hinein.

Indianernessel
Monarda didyma

| J | F | M | A | M | J | J | A | S | O | N | D | ☼

Pflanzabstand: 30–40 cm

Die 80–150 cm hohe Indianernessel, auch Bienenbalsam oder Goldmelisse genannt, entfacht im Spätsommer mit ihren in Quirlen am Stängel stehenden Blüten ein Feuerwerk in den verschiedensten Tönen von Rosa über Scharlachrot bis Rotviolett. Die Staude ist sehr pflegeleicht, wächst aber am liebsten in feuchtem, humusreichem Boden bei voller Sonne.
Pflege: Entfernt man regelmäßig verblühte Stiele, gibt es reichlich Blütennachschub bis in den Herbst.

■ = Blüte   ■ = Aussaat   ■ = Pflanzung   ☼ Sonne   ◐ Halbschatten   ● Schatten

Nektarquellen im Sommer

Borretsch
Borago officinalis

| J | F | M | A | M | J | J | A | S | O | N | D | ☀ | ☼ |

Saattiefe: 1 cm | Pflanzabstand: 30–50 cm

Typisch für die bis zu 70 cm hohe Pflanze sind die auffällig behaarten Stängel und Blätter. Die lanzettlich bis eiförmigen Blätter sind dunkelgrün, die hübschen sternförmigen Blüten zunächst rosa, später leuchtend blau.
Pflege: Hat man Borretsch einmal im Garten, sät er sich unermüdlich selber aus. Die einjährige Pflanze ist anspruchslos und gedeiht auch auf dem Balkon, wenn man sie in tiefe Gefäße sät.
Extra: Dank der langen Blütezeit ist Borretsch eine der besten Futterquellen für Bienen und Hummeln.

Königskerze
Verbascum phlomoides

| J | F | M | A | M | J | J | A | S | O | N | D | ☀ |

Saattiefe: 2 cm | Pflanzabstand: 50–100 cm

Mit ihrer majestätischen Höhe von bis zu 250 cm überragt die Königskerze all ihre Blumenuntertanen im Beet. Die Schönheit trägt gelbe Blüten auf hohen Stielen und entfaltet ihre Wirkung besonders in einer kleinen Gruppe. Auch am Zaun eines Gemüsegartens oder am Rand von Mischkulturbeeten macht sie sich gut.
Pflege: Königskerzen gedeihen in mageren, sandigen Böden. Einmal gepflanzt, säen sich die zweijährigen Pflanzen selbst aus und suchen sich ihren Platz im Garten. Im ersten Jahr bilden sie die Blattrosette, im zweiten blühen sie.

Purpur-Sonnenhut
Echinacea purpurea

| J | F | M | A | M | J | J | A | S | O | N | D | ☀ | ☼ |

Pflanzabstand: 30–40 cm

Mit seinen strahlenförmigen Blüten und der kegelförmig gewölbten Blütenmitte bereichert der Sonnenhut den Garten von August bis Oktober mit zahlreichen Farbtönen von Rosa bis Purpur. Die bis zu 90 cm hohe Staude harmoniert gut mit Astern, Sonnenbraut und Phlox.
Pflege: Im zeitigen Frühjahr schneidet man die alten Fruchtstände zurück und düngt die frostharte Staude mit ein wenig Kompost.
Extra: Für die Bienen ist der Sonnenhut zum Ende der Trachtzeit eine wichtige Nahrungsquelle.

SOMMER IM IMKERJAHR

Erste Honigernte

In unseren Breiten gibt es zwei Honigernten, die eine etwa Ende Mai bis Anfang Juni, die zweite findet Mitte Juli statt. Gut vorbereitet kann der Imker nun sein flüssiges Gold ernten.

DAS BRAUCHEN SIE:

* Refraktometer * Bienenflucht * Entdeckungsgabel
* Entdeckungstisch * Honigschleuder * Honigsieb und Honigeimer

Der Honig ist reif, wenn mindestens zwei Drittel der Honigwabe verdeckelt sind.

Wie von Zauberhand füllt sich der Honigraum. Emsig transportieren die Bienen den Honig immer wieder in andere Zellen – sie tragen den Honig um, bis er schließlich reif ist. Ob dies der Fall ist, stellt man am Wassergehalt fest. Bei den meisten Honigsorten darf er maximal 18 % betragen, nur bei Heidehonig darf er bei 20 % liegen.

Auch an den zumindest zu zwei Dritteln verdeckelten Honigwaben erkennt man die Reife. Die Bienen haben dann die mit Honig gefüllten Zellen mit einem Wachsdeckel überzogen. Sind noch viele Honigzellen offen, können Sie die Spritzprobe durchführen. Dazu halten Sie die Honigwabe waagerecht und stoßen sie kräftig nach unten. Tropft kein Honig heraus, ist er reif. Am genauesten lässt sich der Wassergehalt jedoch mit dem Refraktometer bestimmen. In manchen Imkervereinen kann man ihn sich ausleihen. Kurz vor der Ernte befreit man die Waben von den Bienen. Dazu kann man diese mit dem Besen von der Wabe vor das Flugloch kehren. Sowohl für Imker als auch Bienen schonender ist jedoch eine Bienenflucht (→ Seite 51). Sie sorgt dafür, dass sich die Honigwaben nach und nach von Bienen leeren und Sie am nächsten Tag bienenfreie Waben aus der Zarge nehmen können.

Lassen Sie bei aller Freude über eine reiche Honigernte aber noch ein paar Honigwaben

1 Bestimmen des Wassergehalts mit dem Refraktometer: Da der Wassergehalt des Honigs in den Waben nicht überall gleich ist, mischt man Proben von verschiedenen Stellen einer Wabe und trägt sie dann auf den Refraktometer auf.

2 Nun kann man den genauen Wassergehalt des Honigs auf einer Skala ablesen. Wenn er noch nicht ideal ist, lassen Sie den Honig lieber noch etwas länger reifen.

3 Die Bienenflucht ist die stressfreieste Methode, die Bienen aus dem Honigraum zu entfernen und anschließend den Honig zu ernten. Die Bienen verlassen durch die Bienenflucht den Honigraum, der Rückweg ist versperrt.

4 Besser geht es nicht: eine Honigwabe mit komplett verdeckelten Waben. Sie zeigen an, dass der Honig reif zum Ernten ist.

SOMMER IM IMKERJAHR

als Vorrat im Bienenvolk. Die Bienen verhungern sonst bei schlechtem Wetter.

Den Honig schleudern

Das Schleudern des Honigs sollte an einem sauberen, geruchs- und staubfreien sowie trockenen Ort stattfinden. Vor allem muss er bienendicht sein, d. h., es dürfen keine Bienen von außen in den Raum gelangen. Es macht wenig Spaß, inmitten eines Bienenschwarms Honig zu schleudern und mit ihnen einen Kampf um die Ernte zu führen. Auch fließendes Wasser ist nötig, weil Honig klebt und man Geräte und Hände reinigen können muss. Aber natürlich brauchen Sie fürs Schleudern nicht einen Extraraum. Eine saubere Küche reicht völlig aus.

Alle zur Ernte nötigen Geräte müssen frisch gereinigt sein. Sofern möglich, verwenden Sie Siebe und Honigbehälter aus Edelstahl oder zumindest lebensmittelechtem Plastik. Auch die Honigschleuder sollte aus Edelstahl sein, und natürlich muss das Rahmenmaß, das Sie verwenden, in diese Schleuder passen. Wer sich nicht gleich eine Schleuder kaufen mag, fragt bei seinem Imkerverein nach: Er verleiht meist Honigschleudern oder stellt sogar einen Schleuderraum mit allen Gerätschaften zur Verfügung.

Vor dem Schleudern werden die Honigwaben entdeckelt, d. h., Sie entfernen die dünnen Wachsdeckel, mit denen die Bienen die Honigwaben verschlossen haben. Dafür nimmt man eine Entdecklungsgabel. Mit ihr fährt man vorsichtig unter die Wachsplättchen und entfernt sie. Sind beide Seiten der Honigwabe entdeckelt, kommt die Wabe in die Schleuder. Diese muss ausgeglichen beladen werden, damit sie sich gleichmäßig dreht. Durch die Fliehkräfte fliegt der Honig aus der Wabe an die Wand der Schleuder, fließt herab und schließlich durch die Öffnung unten heraus. Dort steht schon der Auffangbehälter mit dem Honigsieb bereit. Das Sieb filtert kleinere und gröbere Wachsteile und Verunreinigungen aus dem Honig.

Nach dem Schleudern lässt man den Honig noch einige Tage stehen. Dann steigen Luftblasen und eventuell noch Wachsteile nach oben und bilden einen weißen Schaum. Die meisten Imker entfernen ihn – aus ästhetischen Gründen – mit einem Teigschaber.

In einem sauberen, trockenen Raum – beispielsweise einer Küche – wird die Honigschleuder aufgestellt. Verwenden Sie nur eine Schleuder aus Edelstahl: Wenn Sie sie mit anderen Imkern teilen, ist sie erschwinglich.

Auf dem Entdecklungstisch steht die Wabe sicher, und herabtropfender Honig wird aufgefangen. Fahren Sie vorsichtig mit der Entdecklungsgabel unter die Wachsplättchen. Je sorgfältiger Sie die Plättchen entfernen, umso weniger Wachsreste finden sich später im Honig.

Jetzt geht es rund: Stellen Sie die Waben in die Honigschleuder. Durch die Fliehkräfte wird der Honig an die Außenwand der Schleuder gedrückt, fließt herab und aus der Schleuder heraus.

Das Honigsieb filtert kleine und große Wachsteilchen heraus. Es lohnt sich, gleich zwei davon anzuschaffen, da man sie zwischendurch reinigen muss..

Mit einem Teigschaber geht das Entfernen des Schaums von der Oberfläche des Honigs ganz leicht. Alternativ können Sie Frischhaltefolie auf die Honigoberfläche legen und nach ein paar Tagen vorsichtig abziehen: Fast der ganze Schaum bleibt daran hängen.

SOMMER IM IMKERJAHR

Rühren, abfüllen & etikettieren

Golden leuchtet der Honig im Honigeimer. Doch bevor man ihn in hübsche Gläser abfüllt, muss man verstehen, was passiert, wenn der Honig kristallisiert.

Jeder Honig kristallisiert früher oder später aus – er ändert seine Konsistenz von flüssig hin zu fest. Das ist ein natürlicher Prozess, der ein Qualitätsmerkmal darstellt. Denn wenn Honig kristallisiert, bedeutet das, dass er nicht zu stark erwärmt worden ist und wertvolle Inhaltsstoffe nicht zerstört wurden. Während früher sehr fester Honig beliebt war, bevorzugen die meisten Menschen heute feincremigen Honig, der sich leicht aufs Brot streichen lässt.

Doch wie schafft man es, dass Honig flüssig bleibt? Hier sind Sie als Imker gefragt: Sie müssen den Kristallisationsprozess steuern. Wie schnell Honig kristallisiert, hängt von der Zusammensetzung des Nektars ab, aus dem der Honig gemacht wurde. Frühjahrsblütenhonig kristallisiert schneller aus als Sommerblüten- oder Robinienhonig, bei dem es Jahre dauern kann, bis er fest wird. Ein erstes Anzeichen für die Kristallisation ist das Trübwerden des Honigs. Das kann

Das Trübwerden des Honigs ist das Startsignal, mit dem Rühren anzufangen.

Mit einem solchen Abfüllbehälter mit Quetschhahn lässt sich der Honig mühelos und sauber in die Gläser füllen.

Honig-Ingwer-Eis

FÜR DAS EIS: * 3 Eier * 4 EL Honig * 2 – 3 TL Ingwer, frisch gerieben * 300 ml Schlagsahne **FÜR DIE SOSSE:** * 400 g Zwetschgen * 2 EL Honig * 1 Zweig Rosmarin * 2 EL Apfeldicksaft

* Schlagsahne steif schlagen und kalt stellen.
* Eier, Honig und Ingwer in einer Metallschüssel im warmen Wasserbad rühren, bis die Masse cremig ist. Dann die Schüssel in eine mit Eiswürfeln oder kaltem Wasser gefüllte Schüssel stellen und die Masse rührend abkühlen lassen.
* Die Sahne unter die Masse heben, in einen Behälter füllen und für ca. 6 – 8 Stunden einfrieren.
* Zwetschgen entkernen und vierteln. Honig und Apfeldicksaft leicht erhitzen, bis der Honig flüssig wird. Zwetschgen und Rosmarin ca. 4 Minuten darin leicht köcheln.
* Das Eis mit den noch lauwarmen Zwetschgen servieren.

zwei Wochen nach dem Schleudern sein oder erst nach mehreren Monaten. Jetzt sollten Sie anfangen, den Honig zu rühren, damit die entstehenden Zuckerkristalle fein zerkleinert werden. Denn nur dann bleibt der Honig dauerhaft cremig. Wenn Sie den Honig nicht rühren wollen, füllen Sie ihn rasch ab, er wird sonst fest.

Zum Rühren nehmen Sie einen Hand-Honigrührer oder Dreikant-Rührstab. Man rührt den Honig täglich morgens und abends mehrere Minuten. Bekommt er beim Rühren eine perlmuttfarbene Oberfläche – nach etwa ein bis zwei Wochen –, ist er fertig und kann abgefüllt werden. Dazu geben Sie ihn in einen Abfüllbehälter mit Quetschhahn.

Etikett & Beschriftung

Wer es einfach mag, kann die Gläser und fertigen Etiketten des deutschen Imkerbunds benutzen, wenn Sie dort Mitglied sind. Sie können aber auch andere Gläser verwenden und Vorlagen für die Etiketten aus dem Internet herunterladen.

Wenn Sie den Honig verkaufen möchten, muss das Etikett nach den geltenden Rechtsvorschriften beschriftet sein, über die Sie sich genau informieren sollten. Angegeben werden müssen die Verkehrsbezeichnung (Honig, Blütenhonig, Waldhonig usw.), Name und Anschrift des Imkers, Nettofüllmenge, Mindesthaltbarkeitsdatum, Herkunftsland und vieles mehr.

SOMMER IM IMKERJAHR

Imkern in der Familie

Imkern ist bei uns Familiensache, vor allem das Schleudern und Abfüllen ist ein Highlight in unserem Bienenjahr! Die gemeinsame Arbeit macht einfach Spaß. Ein Erlebnisbericht.

Der Sommer war gekommen, und die erste Honigernte stand bevor. Da wir keine Geräte zum Abschleudern des Honigs besitzen, bot uns unser Bienenpate Max seinen Schleuderraum inklusive Hardware an. Im Gegenzug halfen wir ihm bei seiner Honigernte. Nun mussten die Honigwaben nur noch von unserem Bienenhaus zu Max gebracht werden. Nicht ahnend, wie schwer eine mit Honig gefüllte Zarge sein kann, schleppte ich den über 30 kg schweren Honigraum vorn übergebeugt von meinem Bienenhaus zum Auto. Die Wirbelsäule bedankte sich nach dem Absetzen der Schwerlast mit einem lauten Knacken, und ich fühlte mich um einige Zentimeter geschrumpft. Max dagegen, bereits etwas schlauer, empfing uns lächelnd mit einem Schubkarren für die Zargen. Im Schleuderraum war schon alles vorbereitet, und wir machten uns an die Arbeit. Während meine Frau die Schleuder bediente, entdeckelten unser Sohn Valéry und ich die Honigwaben, und wir kratzten überschüssiges Wachs und Propolis von den Rähmchen. Noch nicht auf derartige Arbeiten eingestellt, standen wir zur Belustigung meiner Frau binnen Kurzem von oben bis unten mit Honig und Wachs verklebt da. Max sorgte sich inzwischen sichtlich um die weitere Begehbarkeit seines Schleuderraums. Ich kämpfte mit der Abdeckfolie – sie soll den Boden vor Wachs und Honig schützen – an meinen verklebten Schuhsohlen. Dann war es so weit! Ähnlich wie beim Bier-Anstich auf dem Oktoberfest standen wir erwartungsvoll vor dem Zapfhahn der Honigschleuder, und Valéry hatte die Ehre, das süße Gold in den Honigeimer fließen zu lassen. Wie hypnotisiert beobachteten wir, wie der Honig zähflüssig in den Eimer floss. Ich blickte freudig zu Max, der mit versteinertem Gesicht auf Valéry herabschaute. Der tauchte gerade,

> Zuerst mit der Entdecklungsgabel die Wachsdeckel auf den Wabenzellen lösen. Später den Honig von den Wachsresten abtropfen lassen und zum geschleuderten Honig geben.

Imkern in der Familie

Gefühlssache: Schleudert man die Waben zu schnell, brechen sie, ist es zu langsam, bleibt der Honig in den Wabe. Die Drehgeschwindigkeit sollte man aber nur langsam erhöhen.

Der Honig fließt: Das ist einer der schönsten Momente im Imkerjahr. Der Schleuderraum ist vom Duft des Honigs erfüllt. Wichtig: Immer das Sieb gut beobachten, Kleinstteile können es verstopfen, dann läuft es schnell über.

fasziniert von der Konsistenz des Honigs, seine Hände bis zu den Ellbogen in den Honigeimer. Zu Salzsäulen erstarrt standen meine Frau und ich da, den Mund weit offen und unfähig, ihn daran zu hindern. Dann lachten wir, bis uns die Tränen kamen.

Abfüllen in Teamarbeit

Nachdem der Honig ein paar Tage im Eimer geruht hatte, schöpften wir die letzten Schwebeteilchen mit einem Kunststoffspachtel ab. Nun ging es ans Abfüllen. Auf unserem Esstisch stand bereits der Honigabfülleimer, und Valéry nahm ganz selbstverständlich am Zapfhahn Platz, um das Abfüllen zu übernehmen. Mit dem Schalk im Nacken grinste er uns an, und wir konnten seiner stillen Forderung nicht widerstehen, einigten uns allerdings auf Teamarbeit.
Das Thema Bienen hat sich mittlerweile so in unseren Alltag integriert, als wäre es die normalste Sache der Welt. Die fleißigen Honigproduzentinnen haben uns der Natur noch einmal ein ganzes Stück nähergebracht und unser Bewusstsein sensibilisiert. Sollte unser Sohn Valéry die Lust am Imkern doch einmal verlieren, die Bienen und ihre natürliche Umgebung wird er trotzdem mit anderen Augen sehen. Ist das nicht fantastisch?

# SOMMER IM IMKERJAHR

Bienen auf Wanderschaft

Wandern ist das letzte große Abenteuer in der Imkerei. Jedes Jahr ziehen Tausende Bienenvölker quer durch Deutschland. In der Hobby-Imkerei tut aber schon ein kleiner Standortwechsel gut.

Info

Auch für kleinere Imkereien lohnt sich ein zweiter Standplatz, z. B. für junge Völker. Sie können sich abseits der großen Völker viel besser entwickeln.

Wenn das große Blühen im Frühjahr vorbei ist, machen sich viele Profi-Imker mit ihren Bienen auf zu neuen Nektarquellen. Große Wandergebiete sind vor allem in Nord- und Ostdeutschland mit ihren Robinienbeständen zu finden. Oft schließt sich dort gleich die Lindenblüte an. Danach zieht es die Imker in die großen Sonnenblumenfelder Brandenburgs. Häufig treffen sie sich dann zum Saisonende im Schwarzwald zur Tannentracht wieder. Aber keine Sorge – so intensiv müssen Sie nicht wandern. Vielleicht reizt es Sie aber, Ihren Bienen einen »Ausflug« zu einem Ort mit einer speziellen Tracht wie etwa Sonnenblumen zu bieten. Bedenken Sie aber, dass Sie dann vermutlich einen weiteren Weg haben, wenn Sie nach Ihren Bienen schauen müssen.

Auch wenn Sie als Hobby-Imker Ihren Standort wechseln wollen, müssen Sie vorher einiges organisieren und erledigen. Bereits im Herbst oder Winter sollten Sie die Vorbereitungen für das kommende Jahr treffen. An erster Stelle steht die Suche nach einem geeigneten Aufstellplatz für die Bienen. Häufig bekommt man Tipps von anderen Imkern, aber auch Bauern sind dankbar, wenn Sie mit Ihren Bienen kommen. Wichtig ist, vorher die Erlaubnis des Grundstückseigentümers einzuholen, denn Sie können die Bienen nicht einfach irgendwo aufstellen.

Ist das erledigt, müssen Sie noch im zeitigen Frühjahr beim Veterinäramt ein aktuelles Gesundheitszeugnis für Ihre Bienen einholen, denn nur dann dürfen sie in einen neuen Landkreis einwandern. Weil es regional unterschiedliche Vorschriften gibt, fragen Sie am besten Ihren zuständigen Amtstierarzt. Liegt alles bereit, informieren Sie ein paar Tage vorher den Wanderwart des Imkervereins sowie den Amtstierarzt in dem Gebiet,

Ist eine Blütentracht zu Ende, wandern viele Berufsimker mit den Bienen weiter.

Beim Transport der Bienen sorgt das Wandergitter für ausreichende Belüftung.

Wichtig ist, dass die Beuten gegen Verrutschen und Kippen gesichert sind.

in das Sie mit Ihren Bienen ziehen wollen. Das reicht meist per Fax mit dem entsprechenden Gesundheitszeugnis.

Ab in die Sommerfrische!

Wichtig ist, dass alle Bienen zu Hause sind und Sie nicht die Hälfte des Volks zurücklassen. Deshalb wandern Imker nur nachts oder am frühen Morgen. Verschließen Sie die Fluglöcher. Ersetzen Sie den Fluglochkeil oder die Bodenrückwand unbedingt durch einen Gitterrahmen, damit die Bienen genug Luft bekommen. Bei längeren Wegen setzt man Wandergitter anstelle des Beutendeckels auf. Sie schützen vor Überhitzung.

Dicke Spanngurte sichern die Beuten, damit nichts kippt oder verrutscht. Dann werden die Beuten im Auto oder Hänger zum neuen Standplatz transportiert.

Angekommen geht es gleich ans Aufstellen. Bewährt haben sich als Unterlage Europaletten, die für den Lebensmitteltransport zugelassen sind – sie sind nicht mit Holzschutzmitteln behandelt. Sind die Völker verteilt, öffnen Sie die Fluglöcher. In der ersten halben Stunde fliegen sich die Bienen ein, d. h., sie fliegen Achten um ihren neuen Standort, um sich seine Lage einzuprägen. Im Anschluss gehen sie sofort zum Sammelflug über. Schon nach einer Stunden tragen sie Wasser, Pollen und Nektar in den Stock.

Wenn ein Bienenvolk krank wird

Ein Bienenvolk hat viele Mechanismen, sich selbst gesund zu erhalten und gegen Krankheiten zu schützen. Trotzdem kann es immer mal wieder vorkommen, dass ein Volk krank wird.

Wenn ein Bienenvolk erkrankt, sind Sie als Imker gefragt: Sie sollten die Krankheiten rechtzeitig erkennen und entsprechend eingreifen können. Scheuen Sie sich aber nicht, Rat bei erfahrenen Imkern zu holen. Grundsätzlich unterscheidet man zwischen Krankheiten der Brut und der erwachsenen Bienen. Zu den Brutkrankheiten zählen Amerikanische Faulbrut, Europäische Faulbrut, auch Sauerbrut genannt, sowie die Kalkbrut.

Bei Krankheit muss man das Volk beobachten und die Beute so sauber wie möglich halten.

Brutkrankheiten

Für beide Faulbrut-Krankheiten sind Bakterien verantwortlich. Sie gelangen über das Futter der Brutpflegebienen zu den Bienenlarven, die dann absterben.

Die Amerikanische Faulbrut erkennen Sie am lückigen Brutnest. Dort sind eingesunkene löchrige Brutdeckel zu sehen, und in den Brutzellen ist eine unangenehm riechende, schmierige braune Masse. Fährt man mit dem Streichholz hinein, zieht sie Fäden. Für den Menschen ist diese Krankheit ungefährlich, und der Honig kann uneingeschränkt weiterhin verzehrt werden.

Die Sauerbrut ist ebenfalls am löchrigen Brutnest zu erkennen. Die üblicherweise weiß glänzenden Maden verfärben sich mattgelb bis dunkelbraun und liegen oft verdreht in den Brutzellen. Die Brutwaben verströmen einen sauren Geruch.

Bei Faulbrut besteht eine gesetzliche Anzeigepflicht, um die Ansteckung anderer Völker zu verhindern. Informieren Sie sofort den Amtsveterinär und Gesundheitswart Ihres Imkervereins. Diese werden die notwendigen Maßnahmen anordnen. In der Regel wird der betroffene Bienenstand gesperrt, und es wird ein Sperrbezirk eingerichtet. Dort werden dann alle Bienenvölker und Bienenstände auf Amerikanische Faulbrut überprüft. Bewegliche Bienenstände und Bienenvölker dürfen ihrem Standort nicht entnommen werden. Oft wird das komplette Wabenwerk des Volks entfernt und das nackte Volk nach einer Hungerfrist in einer verschlossenen Beute auf frische Waben in eine neue Beute gesetzt.

Die Kalkbrut erkennen Sie an vertrockneten weißen Bienenlarven in den Brutzellen. Sie sehen aus wie trockene, kalkähnliche Krümel. Diese sind auch auf dem Boden oder vor dem Flugloch der Beute zu finden. Bei der Kalkbrut werden die abgestorbenen Larven zu einer steinharten Mumie umgewandelt. Auslöser ist ein Pilz, der durch infizierte Nahrung oder durch die Haut der Bienen eindringen kann. Oft ist ein kühler, nasser Standort die Ursache. Die Pilzsporen bilden ein Geflecht, das die Bienenlarven durchwuchert oder umspinnt. Männliche und weibliche Sporen bilden Fruchtkörper, aus denen große Massen an neuen Pilzsporen entstehen. Das Bienenvolk sollte bei Befall auf die tatsächliche Volkstärke eingeengt und, wenn möglich, an einen wärmeren Standort gestellt werden. Hilft dies nicht, ist die Königin von dem Pilz betroffen und muss ausgetauscht werden. Kalkbrutsporen sind extrem widerstandsfähig und können bis zu 15 Jahre überdauern.

Der Streichholztest zeigt, dass es sich hierbei um Faulbrut handelt.

Erwachsene Bienen

Die Krankheiten der erwachsenen Bienen sind meist Durchfallerkrankungen, deren Ursache mineralstoffreiches oder falsches Winterfutter (Ruhr) oder Einzeller (Nosema) sind. Diese Sporentierchen zerstören die Darmwand und bilden Sporen, die über ein Jahr im Bienenkot überlebensfähig sind. Beide Krankheiten sind an den Kotspritzern zu erkennen.

Ruhr tritt von Dezember bis März auf. Am Eingang der Beute und auf den Wabenrahmen sieht man schmierige dunkelbraune Kotflecken. Als Gegenmaßnahme engt man das Volk ein und setzt es gegebenenfalls in eine neue saubere Beute.

Nosema tritt von März bis Juni auf. Der Imker sieht ein schwindendes Volk mit großen Brutflächen und auffallend wenig Bienen. Im Fluglochbereich finden sich beigebraune, schmierige Kotflecken. Auch hier vernichtet man die stark verkoteten Waben und setzt das Volk mitsamt der Königin auf neue Waben in eine neue Beute. Die alte Beute flammt man mit einer Lötlampe aus. Das reicht als Desinfektion.

SOMMER IM IMKERJAHR

Varroa – der große Feind der Bienen

Die Varroamilbe ist ursprünglich in Asien beheimatet. Die dortigen Honigbienen können gut mit ihr leben. Bei uns wurde sie in den 70er-Jahren eingeschleppt und ist eine Ursache des Bienensterbens.

DAS BRAUCHEN SIE:

* Verdunster * Ameisensäure * Schutzbrille
* säurefeste Gummihandschuhe

Varroamilben kommen auch außerhalb der Brutzellen vor und sind dann auf den Bienen zu sehen.

Die Varroamilbe kommt heute bei uns in der Brut aller Bienenvölker vor. Man bekämpft sie nach der Honigernte mit Ameisensäure. Dazu nimmt man 60 %-ige Säure, die auch für die Tiermedizin zugelassen ist und auf dem Etikett den Zusatz »ad. us. vet.« enthält. Billigere Säuren können Schadstoffe enthalten, die nicht ins Bienenvolk gehören. Zuerst stellt man den Befallsgrad fest. Dazu schiebt man Anfang Juli die mittlerweile zu jeder Beute erhältliche Varroaschublade für mindestens fünf Tage ein. Dann zählt man die dort liegenden Milben und teilt das Ergebnis durch die Anzahl der Tage. So erhält man die Anzahl des täglichen Milbenfalls. Bei weniger als fünf Milben pro Tag besteht keine unmittelbare Gefahr. Das Volk sollte aber nach der Honigernte Ende Juli behandelt werden. Fallen zwischen fünf und zehn Milben, merken Sie sich die Völker für eine Behandlung vor. Bei mehr als zehn Milben pro Tag müssen Sie die Völker umgehend behandeln. Wichtig: Nach der Behandlung darf kein Honig mehr geerntet werden.
In den letzten Jahren hat sich die Langzeitbehandlung mit dem Nassenheider Verdunster professional über 10 bis 14 Tage bewährt. Das Gerät verdunstet kontinuierlich Ameisensäure. So werden alle Milben bekämpft, die in dieser Zeit in den verdeckelten Brutzellen oder auf den Bienen sitzen.

Varroa-Bekämpfung mit dem Nassenheider Verdunster. Aber Vorsicht: Ameisensäure ist ätzend. Deshalb sollte man unbedingt säurefeste Handschuhe anziehen, eine Schutzbrille aufsetzen und Wasser bereithalten, falls doch etwas auf die Haut kommt.

Zuerst füllt man die Ameisensäure in die Schraubflasche ein. Dann wird die Flasche in die kleine Plastikwanne gestellt. Die Säure tropft nun aus der Flasche auf das Tuch und verdunstet.

Nun verschließt man die Beute mit einem Fütterer. Er hat ein geringeres Volumen als eine Futterzarge, deshalb bleiben die Dämpfe der Säure konzentrierter und können besser wirken. Aus demselben Grund muss die Varroaschublade eingeschoben sein. Die Fluglöcher bleiben geöffnet.

Man stellt das Gerät direkt auf das Brutnest der Bienen und lässt es dort 10–14 Tage stehen. In dieser Zeit verdunstet es im Bienenvolk permanent Ameisensäure.

SOMMER IM IMKERJAHR

Einfüttern: Vorbereitung für den Winter

Für Bienen beginnt der Winter früh: Nach der letzten Honigernte versorgt der Imker sie mit einem Wintervorrat, z. B. mit Zuckerwasser. Aus ihm stellen die Bienen eine ähnliche Substanz wie Honig her.

Das beste Winterfutter für die Bienen ist der eigene Honig. Deshalb sollten Sie Ihre Bienen auch überwiegend auf eigenem Honig überwintern. Das spart viel Arbeit und hält die Bienen gesund, denn es stärkt ihre Abwehrkräfte. Trotzdem können Sie noch 15–20 kg Honig für sich selber ernten. Als Grundsatz gilt: Alles, was die Bienen im Brutraum eintragen, dürfen sie behalten. Die Rahmen aus dem Brutraum werden also nicht geschleudert. So ist sicher, dass immer ein ausreichend großer Honigvorrat für das Bienenvolk vorhanden ist.

Eine Ausnahme gibt es jedoch: Stehen die Bienen in einem Gebiet, wo mineralstoffreicher Waldhonig eingetragen wird, können sie nicht auf diesem Honig überwintern. Er würde zu Durchfallerkrankungen bei den Bienen führen und damit das Überleben des ganzen Volks im Winter gefährden. Hier müssen Sie als Imker zumindest zum Teil Zuckerwasser füttern.

Es gibt aber auch immer wieder Jahre, in denen aufgrund des schlechten Wetters der Vorrat der Bienen für den Winter nicht ausreicht. Hier müssen Sie helfend eingreifen. Im Schnitt braucht ein großes Bienenvolk ca. 20 kg Honig oder Futter als Wintervorrat. Bevor Sie ans Füttern gehen, wiegen Sie die Bienenvölker. Am einfachsten geht das mit einer Kofferwaage (→ Seite 69). Ein großes Bienenvolk wiegt je nach Beutentyp inklusive Bienen, Rahmen und Bienenbeute zwischen 23 und 26 kg. Zu dieser Zahl addiert man 20 kg dazu, und schon haben Sie das Einwinterungsgewicht. Sie sollten das Bienenvolk also so lange füttern, bis die Beuten annähernd dieses Gewicht aufweisen. Dabei gibt man nicht zu viel Futter auf einmal, sondern immer nur kleine Portionen (5–7 l), kleineren Völkern noch weniger. Wenn alles Futter verbraucht ist, wird nachgefüllt.

In einem großen Behälter mischt man drei Teile Zucker mit zwei Teilen Wasser.

Einfüttern: Vorbereitung für den Winter

Der Imkerfachhandel bietet eine ganze Palette von Bienenfutter als Futterteig oder Zuckersirup an. Das ist bequem, geht schnell, ist allerdings etwas teurer als Zucker.
Es geht aber auch ganz klassisch mit Zuckerwasser. Dazu mischen Sie drei Teile Zucker mit zwei Teilen warmem Wasser. Verwenden Sie als Zucker weißen Industriezucker und auf keinen Fall naturbelassenen Rohrohrzucker. Denn damit tun Sie den Bienen nichts Gutes. Er enthält zu viele Mineralstoffe und führt bei den Bienen leider zu Durchfall.
Für die verschiedenen Beuten werden unterschiedliche Fütterungssysteme angeboten. Letztendlich ist es egal, welche Sie verwenden. Bewährt haben sich in der Praxis Eimer aus lebensmittelechtem Plastik, die in einer weiteren Zarge auf die Beute mit einer Schwimmhilfe aufgestellt werden, sowie Futteraufsätze oder Futtertaschen bzw. Fütterer. Das kommt auf Ihre individuelle Vorliebe und Ihr Beutensystem an. Wichtig ist, dass Sie als Imker gut damit klarkommen.

Achtung: Räubereigefahr

Im Spätsommer sind die Bienenvölker sehr viel verteidigungsbereiter als im Frühjahr. Sie spüren, dass der Winter naht und das Angebot an Nektar und Pollen deutlich zur Neige geht. Weisellose, also Völker ohne Königin, oder schwache Völker werden dann von anderen Völkern erbarmungslos ausgeraubt. Um keine fremden Bienen anzulocken, füttern Sie deshalb besser abends, vermeiden Sie es, Zuckerwasser zu verschütten, und lassen Sie keine Waben herumliegen oder die Beuten lange offen stehen.

Je nach Beutensystem gibt es spezielle Futteraufsätze (Futterzargen).

Eine Futtertasche zum Einhängen. Die Korken sind Ausstiegshilfen für die Bienen.

SOMMER IM IMKERJAHR

Hausmittel für Mensch und Biene

Kommt es zum Unfall und sticht die Biene in ihrer Not, gibt es für den Menschen zahlreiche Hausmittel, die den Schmerz lindern. Die Biene bezahlt ihre Notwehr dagegen mit dem Tod.

Sobald die Blumen auf den Wiesen blühen, laufen Menschen barfuß durch das Gras. Doch weil die Bienen auf den Wiesen Futter suchen, ist der Unfall vorprogrammiert. Der Mensch tritt versehentlich auf die Biene, und diese sticht in Notwehr. Da der Stachel mit Widerhaken versehen ist, bleibt er in der Haut stecken und wird der Biene mitsamt der Giftblase aus dem Leib gerissen. Sie stirbt. Zurück bleibt ein stechender Schmerz und ein Stachel, den man sofort entfernen sollte. Auf keinen Fall drückt man die Giftblase mit zwei Fingern zusammen. So gelangt nur das restliche Bienengift in den Körper. Besser zieht man den Stachel unterhalb der Giftblase mit einer Pinzette heraus oder schabt ihn mit dem Fingernagel seitlich weg. Dann trägt man ein schmerzlinderndes Mittel auf. Folgende Hausmittel haben sich bewährt:

* Ein Stück Würfelzucker, mit Speichel angefeuchtet und auf den Stich gelegt, soll das Gift herausziehen.
* Auch eine halbierte Zwiebel oder Zitrone bringt, auf die Wunde gelegt, Linderung.
* Falls zur Hand, kann man auch zerriebene Spitzwegerichblätter auftragen.
* Hilfe bringt auch ein in Schwedenbitter getränktes Wattepad, das man – eventuell über Nacht – auflegt. Vorher etwas Fettcreme zum Schutz der Haut auftragen.
* Für einen Quarkwickel streicht man kalten Quark mit einem Löffel auf die Schwellung und legt ein Küchentuch darüber. Alle 10 Minuten wiederholen.
* Für einen Essigumschlag gibt man ein paar Spritzer Essig in kaltes Wasser, taucht ein Tuch ein und wringt es aus. Auf den Stich legen und nach ca. 5 Minuten erneuern.

Geht die Schwellung auch nach Tagen nicht zurück oder treten Symptome wie Hautausschlag, Übelkeit, Schwindel, Herzrasen etc. auf, muss man sofort einen Arzt aufsuchen. Insektenstiche können allergische Reaktionen bis zum allergischen Schock auslösen!

Bienenstich: Eine frisch aufgeschnittene Zwiebel lindert Schmerz und Schwellung.

Teatime für die Bienen

Als Futterräuber ist der Imker dafür verantwortlich, seinen Bienen genug Ersatzproviant, zum Beispiel Zuckerwasser, für den Winter zur Verfügung zu stellen. Zusätzlich können Sie diesen Sieben-Kräuter-Tee verwenden. Seine Blütenkräfte stärken die Bienen und machen sie weniger krankheitsanfällig.

ALS ZUGABE ZU 10 LITER ZUCKERWASSER:

10 g Schafgarbenblüten * 10 g Kamillenblüte * 10 g Löwenzahnblüten * 10 g Ringelblumenblüten * 10 g Brennnesselblätter * 10 g Eichenrinde * 10 g Ackerschachtelhalm

1. Heiß überbrühen
Schafgarbe, Kamille, Löwenzahn und Ringelblumenblüten jeweils einzeln mit je 0,5 l kochendem Wasser überbrühen, 15 Minuten ziehen lassen und dann einzeln abseihen.

2. Kalt ansetzen
Brennessel, Eichenrinde und Ackerschachtelhalm jeweils einzeln in 0,5 l Wasser für eine Stunde kalt ansetzen. Danach wird jeder Ansatz kurz aufgekocht und nach 10 Minuten abgesiebt.

3. Mischen
Jetzt die einzelnen Essenzen zusammenmischen und zum vorbereiteten Zuckerwasser dazugeben.

HERBST IM IMKERJAHR

Die Tage werden kürzer, das Licht leuchtet golden, und das **Laub** färbt sich **bunt**. Morgens liegen die ersten **Nebelschwaden** über dem Land – der Herbst ist da. Die Bienen bereiten sich längst auf den **Winter** vor. Alles kommt langsam zur Ruhe. Was Sie jetzt ihren Bienen an Pflege angedeihen lassen, werden sie Ihnen im nächsten Jahr danken.

Herbst – das Bienenvolk verändert sich

Bereits Ende Juli sind die meisten großen Trachten versiegt. Der letzte Honig wird geerntet. Schon ab Mitte August verliert die Sonne langsam ihre Kraft, und die Bienen rüsten sich für den Winter.

Das Brutnest im Bienenstock schrumpft. In die frei werdenden Brutzellen lagern die Bienen Futter, wie z. B. Zuckerwasser, sowie Pollen als weiteren Wintervorrat ein. Zu großen Teilen schlüpfen jetzt die Winterbienen. Sie leben deutlich länger als die Sommerbienen: Während Letztere nur 35–42 Tage leben, bringen es Winterbienen auf sechs bis sieben Monate. Sie fressen viel Pollen und speichern diese Eiweißreserven in ihrem Hinterleib, der viel größer als bei den Sommerbienen ist. Diese Reserven brauchen sie für den Winter. Um Wärmeverluste in der Beute zu vermeiden, dichten die Bienen jetzt kleine Ritzen und Löcher mit Propolis ab.

Die Drohnenschlacht

Mit den männlichen Bewohnern geht das Bienenvolk im Herbst gar nicht sanft um. Die Drohnen, deren Hauptaufgabe die Begattung der Königinnen war, haben ihre Aufgabe verloren. Sie wurden während des ganzen Sommers von den Arbeiterinnen umhegt. Jetzt werden sie vom Futter abgedrängt und vor die Tür gesetzt. Die Arbeiterinnen treiben die Drohnen regelrecht aus dem Stock oder zerren sie heraus. Sie liegen dann verhungert vor den Bienenvölkern – dort sieht es aus wie auf einem Schlachtfeld. Man nennt diesen Vorgang Drohnenschlacht.

Vereinigen von Völkern

Die in diesem Jahr gebildeten Jungvölker und eingefangenen Schwärme sollten zu einer guten Größe herangewachsen sein. In einer Zanderbeute sollten sie neun bis zehn Brutrahmen, in einer Dadantbeute mindestens sechs, besser acht Brutrahmen besetzen. Sind die Bienenvölker zu klein, sollten Sie sie unbedingt auflösen und mit einem anderen Bienenvolk vereinigen. Sie würden den Winter nicht überleben. Ein schwaches

Die dicken Drohnen sind bald nicht mehr im Bienenvolk zu finden.

Spätblüher wie die Fetthenne versorgen die Bienen bis in den Herbst mit Nektar.

Herbst – das Bienenvolk verändert sich

Volk wird auch im Frühjahr kein großes Volk werden und braucht unter Umständen das ganze nächste Jahr, um seine volle Stärke zu erreichen. Im Gegensatz dazu ergeben zwei schwache Völker ein starkes Bienenvolk. Vorher sollten Sie allerdings genau nach dem Grund der geringen Volkstärke suchen. Wurden die Völker zu spät gebildet und konnten deshalb keine ausreichende Stärke erreichen oder haben sie eine alte, nicht mehr so leistungsfähige Königin, kann man sie bedenkenlos mit einem anderen Volk vereinigen. Dazu entfernt man die alte Königin aus dem einen Volk und hängt seine Brutwaben in das schon vorhandene Brutnest des anderen Volks.

Ist das schwache Bienenvolk jedoch von einer Bienenkrankheit befallen, z. B. von der Kalkbrut, darf es selbstverständlich nicht mit gesunden Völkern vereinigt werden. Hier kann man nur versuchen, das Volk zu sanieren (→ Seite 104 / 105).

Kontrolle und Behandlung

Die Bienenvölker sind jetzt im Herbst schon eingefüttert (→ Seite 108–109), und es ist Zeit, noch einmal ihr Gewicht zu kontrollieren. Denn noch ist genug Zeit, eventuell fehlendes Winterfutter aufzufüllen. Als Faustregel gilt, dass ein Bienenvolk im Herbst im Durchschnitt 43–46 kg wiegen sollte. Anfang September werden die in diesem Jahr gebildete Völker ein erstes Mal mit einer Ameisensäurebehandlung von der Varroamilbe befreit. Man führt die Behandlung erst jetzt durch, weil sich die jungen Völker bis Ende August noch im Wachstum befinden und man diese Entwicklung nicht stören will. Große Völker, die in diesem Jahr für die Honigproduktion zuständig waren, erhalten jetzt eine zweite Ameisensäurebehandlung. Sie wird genauso durchgeführt wie die erste (→ Seite 106–107). Falls Sie in dieser Zeit Urlaub machen und verreisen, behandeln Sie die Völker einfach etwas früher.

115

HERBST IM IMKERJAHR

Im Spätherbst beginnt die Ruhezeit

Jetzt kehrt endgültig Ruhe ein am Bienenstand. Im Oktober reduzieren die Bienen nach und nach ihren Flugbetrieb, und im November schlüpft in der Regel die letzte Brut.

Nun bleibt das Volk ein bis zwei Monate lang brutfrei. Trotzdem sollten Sie etwa alle vier Wochen bei den Bienen vorbeischauen. Gibt es Herbststürme, prüfen Sie unmittelbar danach, ob die Beuten in Ordnung sind.

Im Bienenstock findet jetzt ein faszinierendes Schauspiel statt. Sinken die Außentemperaturen unter 6 °C, ziehen sich die Bienen zur sogenannten Wintertraube zusammen. Dies ist ein geniales Verhalten, mit dem die Bienen für die notwendige Temperatur im Stock sorgen: Dabei formen alle Tiere eine kugelförmige Traube. Die äußeren Bienen sitzen sehr eng zusammen und bilden eine Art Isolierschicht um die Bienenkugel herum. Darunter sitzen Bienen, die durch Bewegen der Flugmuskulatur für Wärme sorgen. Die darunter auf den Waben aufsitzenden Bienen nehmen Futter auf und geben es an die anderen Bienen im Bienenstock weiter. Damit sich keine Biene überanstrengt oder verkühlt, werden die Plätze regelmäßig nach einem bestimmten System getauscht.

Um den Bienen auch wirklich eine Winterruhe zu ermöglichen, sollten Sie den Bienenstand noch einmal genau unter die Lupe nehmen. Hängen in der Nähe der Bienenstöcke Äste herunter, die bei einem Sturm gegen die Bienenbeuten schlagen oder gar herunterfallen könnten? Diese Erschütterungen würden die Bienen in ihrer Winterruhe empfindlich stören. Entfernen Sie solche Äste unbedingt, da jede Störung im Winter für die Bienen Stress bedeutet und eventuell das Überleben des Volks gefährdet.

Auch ungebetene Gäste wie die Zwergspitzmaus nutzen den Bienenstock gern als Winterquartier. Weil sie permanent die Winterruhe der Bienen stören würden, bringen Sie, bevor die Bienen den Flugbetrieb einstellen, Mäusegitter an den Bienenbeuten an. Die Maschenweite darf maximal 6 mm betragen, damit die winzigen Mäuschen sich nicht

Eine geniale Erfindung der Natur: die Wintertraube der Bienen.

Zur Bekämpfung von Wachsmotten besprüht man die Waben mit einem Bakterienpräparat.

Die Maden der Wachsmotte wachsen in schützenden Gespinsten heran.

doch noch in die Beuten quetschen. Alternativ können Sie einen Mäusekeil verwenden, der das Flugloch sehr stark einengt. Falls noch nicht geschehen, entfernen Sie die Varroaschublade, da die Varroabehandlung für dieses Jahr abgeschlossen ist.

Waben einwintern

Überzählige Waben wintern Sie zu Hause ein. Prüfen Sie sie vorher genau. Schwarze, alte Waben gehören nicht mehr in den Bienenstock, sondern in den Sonnenwachsschmelzer (→ Seite 128, Foto). Sortieren Sie sie großzügig aus. Bienenwachs wirkt wie ein Filter für Umweltgifte, und der Austausch verringert die Belastung des Bienenvolks.

Waben, die schon einmal bebrütet waren und über Winter im Haus aufgehoben werden sollen, sind außerdem ein Festschmaus für die Wachsmotten. Diese sind nicht, wie ihr Name vermuten lässt, am Wachs, sondern an den Häutchen interessiert, die die Bienen beim Schlupf in der Brutzelle zurücklassen. Sie enthalten das für die Wachsmotten lebenswichtige Eiweiß. Von den Larven der Wachsmotte befallene Waben sind nicht mehr zu gebrauchen. Zur Bekämpfung hat sich ein kleines Bakterium bewährt: Bacillus thuringiensis unterbindet die Entwicklung der jungen Wachsmotten. Der Fachhandel bietet fertige Lösungen an, die man beidseitig auf die Bienenwaben sprüht. Danach kann man sie einlagern.

Pflanzzeit für Frühjahrsblüher

Wer sich nach langen Wintertagen über die ersten Frühlingsboten freuen will, sollte im Herbst aktiv werden. Ab Mitte September wird es deshalb langsam Zeit, Blumenzwiebeln zu pflanzen.

Wenn Fetthenne, Herbstastern und Bartblumen verblüht sind, kommen die Zwiebeln von Schneeglöckchen, Märzenbecher, Krokussen, Winterlingen und Traubenhyazinthen in Gruppen in die Erde.
Entscheidend ist dabei die Tiefe des Pflanzlochs: Manche Zwiebeln wollen nicht zu tief vergraben werden. Als Faustregel gilt: Das Loch sollte immer doppelt so tief sein, wie die Zwiebel groß ist.

Von Oktober bis November ist an frostfreien Tagen auch der perfekte Zeitpunkt, Obststräucher oder -bäume sowie frühblühende Ziergehölze zu pflanzen. Ihre Blütentracht beschert den Bienen im Frühjahr einen reich gedeckten Tisch. Die Auswahl an den verschiedensten Sorten von Apfel-, Birn- und Kirschbäumen sowie an Sträuchern wie Johannisbeeren, Himbeeren und Stachelbeeren ist fast unüberschaubar. Weil die Sorten unterschiedlich schmecken, sollten Sie sich vorher genau informieren, um Fehlkäufe zu vermeiden. Glücklich, wer vorab in Nachbars Garten die Möglichkeit hat, zu probieren und seine Lieblingssorten zu finden! Auch Ziergehölze wie Schneeball und Felsenbirne sind hübsche und für die Bienen nahrhafte Futterquellen. Erkundigen Sie sich beim Kauf eines Gehölzes aber immer, wie groß es werden kann, und wählen Sie nur Bäume, die zur Größe Ihres Gartens passen.
Jetzt ist auch Pflanzzeit für viele Blütenstauden. Achten Sie dabei immer darauf, die Stauden mit genügend Abstand zu pflanzen, damit sie sich gut entwickeln können.
Und vergessen Sie nicht, alles, was Sie frisch gepflanzt haben, gut anzugießen, bevor Sie die Gartenaktivitäten ausklingen lassen.

Zwiebelblumen-Vielfalt: Die Frühblüher versorgen Bienen im Frühjahr mit dem ersten Futter.

Späte Blütenpracht

Große Fetthenne
Sedum telephium

Die Blütenschirme in Weiß, Rosa oder Purpur blühen von August bis September und sind ein Tummelplatz für Bienen und Schmetterlinge.

Herbstaster
Aster novi-belgii

Auf den Blüten in Weiß, Rosa, Violett, Karminrot und Lavendelblau lassen Insekten den Sommer ausklingen. Die Staude blüht bis in den Oktober.

Herbstanemone
Anemone × hybrida

Bis in den Oktober bietet die Staude mit den Schalenblüten ein Farbschauspiel in Weiß, Rosa und Karminrot. Sie gedeiht auch im Halbschatten.

Purpur-Leinkraut
Linaria purpurea

Die bis zu 80 cm hohen Blütentrauben sind von Juli bis Oktober ein Blickfang in sonnigen Bereichen im Garten. Die Staude versamt sich reichlich.

HERBST IM IMKERJAHR

Insektenhotel kinderleicht

Wie gut, wenn menschliche Insektenhoteliers schon im Herbst Wohnraum bauen. Denn schließlich machen sich die ersten Wildbienen schon im März auf die Suche nach einer Bleibe.

MATERIALLISTE INSEKTENHOTEL:
* Weinkiste o. Ä. * trockene Holzstücke von Laubbäumen * Schilfrohr * Tannenzapfen * leere Weinbergschneckenhäuser * Stroh

WERKZEUG UND ZUBEHÖR:
* Arbeitshandschuhe * Bohrmaschine (Akkubohrer oder Standbohrmaschine) * Holzbohrer (5–10 mm) * Maschendraht (Mäusegitter) * Nägel * Hammer * Fuchsschwanzsäge * Gartenschere * Meterstab

> Einer hält, der andere bohrt. In die Stirnseite des Holzes bohrt man 6–10 cm tiefe unterschiedlich große Löcher mit 5–10 mm Durchmesser. Der Abstand zwischen den Löchern misst 1–2 cm. Arbeitshandschuhe tragen!

1

Als Behältnis für ein einfaches Insektenhotel nimmt man am besten eine Holzkiste ohne Deckel. Sehr gut eignen sich Wein- oder Champagnerkisten aus Holz, die man beim Weinhändler bekommt oder auf Wertstoffhöfen finden kann. Als Erstes bohren Sie in die Oberkante der Rückseite mittig ein Loch, damit Sie das Hotel später an einem Haken aufhängen können. Ist das Häuschen erst mal gefüllt, ist das sehr viel schwieriger. Damit auch die unterschiedlichsten Wildbienenarten einen Brutplatz finden, verwendet man verschiedene Füllmaterialien wie Holz, Schilf usw. Das Ende der Brutröhren muss immer verschlossen sein, und die Baumaterialien dürfen nicht über den Kistenrand hinausragen, um nicht nass zu werden. Infrage kommen trockene Hartholzstücke oder dickere Äste, die man auf die passende Länge sägt und in die man Löcher bohrt. Nadelgehölze sind tabu, ihr Holz harzt und verklebt Bienenflügel. Die Lücken zwischen den Holzstücken füllt man man mit Schilfrohr, das man mit der Gartenschere passend zur Tiefe der Kiste zurechtschneidet. Auch Tannenzapfen, leere Schneckenhäuschen oder Stroh sind geeignet. Zum Füllen legt man die Kiste mit der offenen Seite nach oben vor sich hin. Zum Schluss noch ein feinmaschiges Mäusegitter auf die offene Seite der Kiste nageln, um Fressfeinde abzuhalten.

Nun werden die Holzscheite so dicht wie möglich in die Holzkiste eingepasst. Dabei achtet man darauf, dass sie nicht über den Rand der Holzkiste ragen, damit sie möglichst wenig Wind und Regen abbekommen.

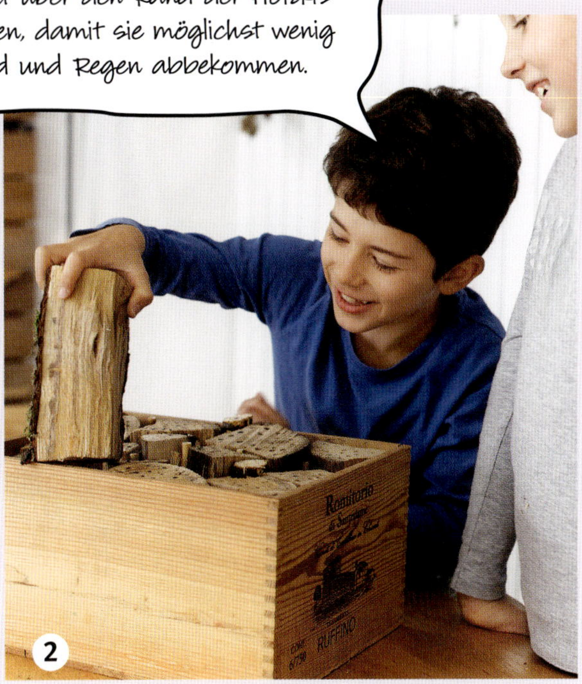

2

Das Schilfrohr an den Knoten so in passende Stücke schneiden, dass jedes Stück an einem Ende durch einen Knoten verschlossen ist. Die empfindlichen Röhrchen dürfen nach dem Zurechtschneiden keine Risse aufweisen – also noch einmal kritisch prüfen!

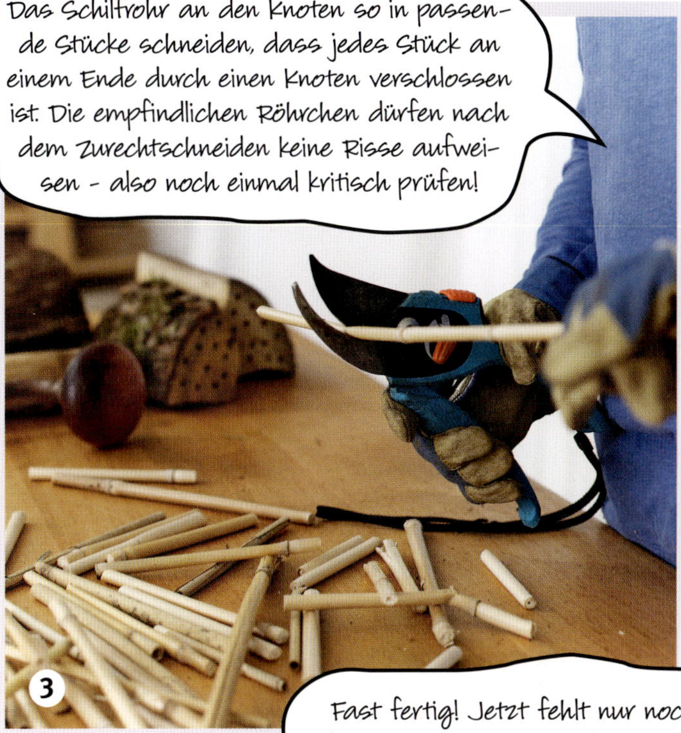

3

Röhrchen für Röhrchen in die Zwischenräume stecken, bis die Kiste voll ist. In größere Lücken kann man auch kleine Tannenzapfen, Schneckenhäuschen oder Stroh geben. Nur trockene Baumaterialien verwenden!

4

Fast fertig! Jetzt fehlt nur noch das Mäusegitter. Dann kann man das Insektenhotel an einem regengeschützten, sonnigen Platz aufhängen, am besten an eine Südwand des Hauses. Ab März werden die ersten Wildbienen einziehen.

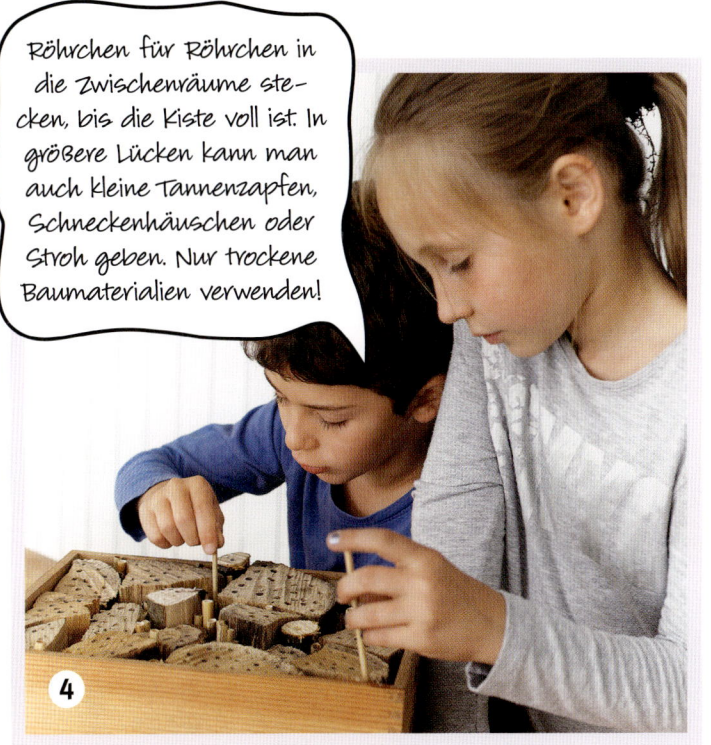

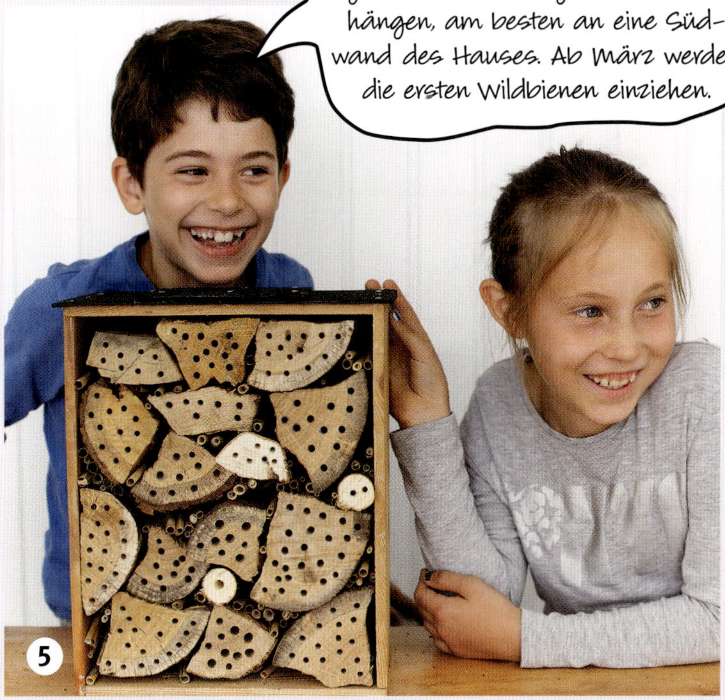

5

WINTER IM IMKERJAHR

RUHE IST AM **BIENENSTOCK** EINGEKEHRT. ES WIRD RICHTIG KALT, SELBST AN SONNIGEN TAGEN FLIEGEN DIE BIENEN NICHT MEHR AUS. SIE SITZEN DICHT GEDRÄNGT IN DER **WINTERTRAUBE** UND WARTEN AUF DAS KOMMENDE FRÜHJAHR. UND UNS ERINNERT NUR NOCH DAS **HONIGBROT** AN DIE BIENEN UND IHR EMSIGES TREIBEN.

WINTER IM IMKERJAHR

Winter-Varroabehandlung und Co.

Vorbeugung ist die beste Medizin: Die Varroabehandlung im Winter ist so wichtig, weil sie dafür sorgt, den Befall mit der Plage im nächsten Jahr möglichst gering zu halten.

DAS BRAUCHEN SIE:

Für die Varroabehandlung:
* fertige Oxalsäurelösung 3,5 % * säurefeste Handschuhe
* 50 ml Spritze * Schutzbrille

Zum Reinigen der Beuten:
* Stockmeisel * Lötlampe

Im November kommt oft der erste richtige Frost. Merken Sie sich diesen Termin: Drei Wochen später können Sie davon ausgehen, dass die Bienenvölker keine Brut mehr aufziehen. Das ist der richtige Zeitpunkt für die Winterbehandlung der Bienen gegen die Varroamilbe. Die Behandlung wirkt bis in das nächste Jahr hinein und hat das Ziel, die Population der Milben im Frühjahr möglichst gering zu halten. Denn jede Milbe, die es im Frühjahr gibt, wird sich am Ende des Sommers verhundertfacht haben. Ameisensäure kommt für die Behandlung jetzt nicht mehr infrage. Sie verdunstet bei niedrigen Außentemperaturen nicht und hat keine Wirkung. Das Mittel der Wahl ist Oxalsäure. Es gibt sie als 3,5 %ige Lösung fertig zu kaufen, die man mithilfe einer Spritze auf die Bienentraube träufelt. Pro Volk braucht man – abhängig von den besetzten Wabengassen – 30–50 ml Oxalsäurelösung.

Beuten reinigen

Jetzt ist Zeit zum Aufräumen. Leere Beuten kratzt man mit dem Stockmeißel ab und befreit sie von Wachsresten und Propolisverklebungen. Dann flammt man sie zur Desinfektion mit einer Lötlampe ab. Das beseitigt die meisten Krankheitskeime. So sind die Beuten für die neue Saison gut vorbereitet.

① Auch jetzt leistet die Varroaschublade gute Dienste. Bei mehr als zehn toten Milben pro Tag sollte man unverzüglich mit der Ameisensäure-Behandlung des Biens beginnen.

Mit einer großen Spritze lässt sich die fertige Oxalsäurelösung leicht und gleichmäßig verteilen.

Jetzt ist die richtige Zeit, um alle unbesetzten Beuten gründlich zu reinigen. Der Stockmeißel ist dafür das perfekte Werkzeug. Er ist ideal zum Abkratzen von Propolisverklebungen und Wachsresten.

Ohne großen Aufwand lässt sich die Beute mit einer Lötlampe, die in jedem Baumarkt erhältlich ist, abflammen. Sobald das Holz seine Farbe verändert, war die Hitze zur Desinfektion ausreichend.

Die Zargen stapelt man über den Winter am besten zu großen Türmen auf. Oben und unten wird ein Absperrgitter eingesetzt, sodass es sich Mäuse hier im Winter nicht gemütlich machen können.

❄ WINTER IM IMKERJAHR

Schritt für Schritt zum gedrahteten Rahmen

Der Winter ist zwar auch für den Imker eine Ruhezeit, trotzdem gibt es immer etwas zu tun. Eine Aufgabe für ruhige Bastelabende ist das Drahten der Rahmen.

DAS BRAUCHEN SIE:

* Holzrähmchen * Abstandshalter * kleine Ösen
* kurze Nägel * Edelstahldraht * Hammer * Zange

Mit dem Ende des Winters naht das neue Bienenjahr, und das will gut vorbereitet sein. Die Beuten sind bereits geputzt und abgeflammt. Jetzt gilt es noch die Rähmchen für die neue Saison vorzubereiten. Dafür werden bei einer Zanderbeute mindestens 18, bei einer Dadantbeute zehn bis zwölf für den Brutraum benötigt. Für die Honigräume kommen jeweils ca. 20–30 Rähmchen dazu – wenn man mehrere Völker hat, bedeutet das ganz schön viel Arbeit.

Als Erstes prüft man, ob die Rahmen insgesamt noch in Ordnung sind. Dann schaut man, ob die Abstandshalter noch am Platz sind oder erneuert werden müssen. Diese sorgen dafür, dass der Wabenabstand stimmt, also der Abstand von Wabenmitte zu Wabenmitte bzw. von Rahmen zu Rahmen (→ Seite 50). Es gibt die Abstandshalter in verschiedenen Ausführungen. Welches System man benutzt, ist Geschmackssache. Bei Rahmen mit sogenannten Hoffmannseitenteilen sind die Abstandshalter bereits im Rahmen integriert und brauchen keine Wartung. Bei anderen Rahmentypen muss man die Abstandshalter extra einschlagen. Sie müssen regelmäßig überprüft und gegebenenfalls ersetzt werden.

Die Drähte spannen

Zuletzt prüft man die Drähte der Rahmen. Sie dienen dazu, die Mittelwabe zu stabilisieren, und sind mittels kleiner Ösen und Nägel gespannt. Wenn Sie locker sind, kann die Mittelwand herausfallen. Spannen Sie die neu eingezogenen Drähte deshalb fest, und fixieren Sie die Enden gut.

Um die Rähmchen selbst zu bespannen, braucht man nur wenige Utensilien.

WINTER IM IMKERJAHR

Wachs einschmelzen und recyceln

Wer ein bisschen geschickt ist und Spaß an handwerklichen Tätigkeiten hat, kann die Mittelwände aus Wachs gut selbst herstellen und anschließend in die Rahmen einlöten.

DAS BRAUCHEN SIE:

* Mittelwandpresse * Entdecklungswachs * Cutter
* Einlöttransformator (12 Volt, 2–4 Amperestunden)

Überschüssiges Wachs kann im nächsten Sommer im Sonnenwachsschmelzer recycelt werden.

Ob Sie die Mittelwände bzw. Anfangsstreifen für Ihre Rahmen kaufen oder selber herstellen, bleibt Ihnen überlassen. Wenn Sie sie selbst machen, dürfen Sie jedoch auf keinen Fall das Wachs von alten, dunkel gewordenen Waben dafür verwenden – es kann stark belastet sein. Denn im Bienenwachs reichern sich Umweltgifte und Schadstoffe an. Für die Imkerei benötigen Sie jedoch Wachsplatten, die nicht mit giftigen Rückständen belastet sind. Um Ihr Bienenvolk vor Krankheiten zu schützen, sollten Sie deshalb nur rückstandsfreies Wachs verwenden oder Bio-Wachs im Fachhandel kaufen.

Das Wachs, das bei der Honigernte beim Entdeckeln der Honigwaben anfällt, das sogenannte Entdecklungswachs, können Sie jedoch sehr gut wieder verwenden. Es tropft über einem großen Sieb nach der Honigernte ab und wird mit wenig Wasser ausgewaschen. Dann können Sie es klären (→ Seite 130). Aus diesem Wachs können Sie in einer Mittelwandpresse neue Mittelwände fertigen. Die Presse ist relativ teuer, oft können Sie sie aber im Imkerverein ausleihen. Zum Einlöten legen Sie die Mittelwand auf einer glatten Arbeitsfläche passgenau auf den gedrahteten Rahmen. Dann erwärmen Sie den Draht mithilfe des Trafos, sodass er in die Mittelwand einschmilzt und die Wand fest im Rahmen sitzt.

① Mit dem Entdeckungswachs aus der Honigernte und einer Mittelwandpresse können Sie jede Menge Mittelwände selbst herstellen. So schaffen Sie Ihren eigenen Wachskreislauf.

② Lassen Sie das Wachs einige Zeit im Raum liegen, damit es Zimmertemperatur annimmt. So lässt es sich mit einem Cutter leicht in sogenannte Anfangsstreifen schneiden. Sie geben den Bienen die Möglichkeit, viel selbst, also im sogenannten Naturwabenbau, zu bauen.

③ Die vorher geschnittenen Anfangsstreifen werden an den oberen Rand des Rahmens gesetzt. Wenn Sie keinen Naturwabenbau möchten, können Sie alternativ auch ganze Mittelwände einsetzen.

④ Für das Einlöten der Anfangsstreifen oder Mittelwände halten Sie die beiden Kontakte des Trafos an die Nägel, um die die Drahtenden gewickelt sind. Der Strom erwärmt den Draht, das Wachs schmilzt an dieser Stelle, und der Draht sinkt in das Wachs. Ist das Wachs erkaltet, sitzt die Wachsplatte fest im Rahmen.

WINTER IM IMKERJAHR

Auf zum Kerzengießen!

Was wären lange Winterabende ohne das Licht und den Duft von Bienenwachskerzen! Und noch schöner ist es, wenn die Kerzen selbst gemacht sind aus dem Wachs der eigenen Bienen.

DAS BRAUCHEN SIE:

* 2 Schaschlikholzspieße * Docht * Kerzenform aus Silikon * geklärtes Bienenwachs * Gummiringe, etwas enger als die Kerzenform * zwei ineinanderpassende Töpfe * Schere

> Den Docht in den Spalt der Kerzenform führen und am Boden einklemmen. Dann zieht man den Docht 2-3 cm heraus, verknotet ihn an der Bodenaußenseite und schneidet ihn ab. Nicht vergessen: Die obere Öffnung der Form ergibt den Kerzenboden.

1

Wählen Sie zum Kerzengießen einen Platz, den Sie gut reinigen können, und decken Sie den Arbeitsplatz sorgfältig ab, entweder mit einer Wachstischdecke oder mit Zeitungspapier. Dabei den Fußboden nicht vergessen! Wenn Sie eigenes Wachs verwenden, sollten Sie es zuvor klären: Dazu erhitzt man das Wachs mit etwas Wasser im Wasserbad, filtriert es durch ein Baumwolltuch, um Verunreinigungen zu entfernen, und lässt es dann ganz langsam abkühlen. Nur Kerzen aus sauberem Wachs brennen gut. Zum Schmelzen des Wachses eignen sich Edelstahl- oder Emailtöpfe besonders gut.

Alles weitere Zubehör wie Docht und Kerzenformen bekommen Sie im Bastelladen. Achten Sie darauf, dass der Docht dick genug ist. Denn die Dochtstärke muss im richtigen Verhältnis zur Dicke der Kerze stehen und ist entscheidend dafür, ob eine Kerze richtig brennt. Ist er zu dünn, schafft er es nicht, das geschmolzene Wachs aufzusaugen. Das Wachs läuft über und die Kerze tropft. Wählt man den Docht zu dick, rußt die Flamme. Lassen Sie sich am besten im Geschäft beraten, welche Dochtstärke zur gewählten Kerzenform passt.

Als Dochthalter binden Sie einfach zwei Holzspießchen an den Enden mit Gummibändern zusammen, und schon kann das Kerzengießen beginnen!

Die Kerzenform nun mit einem Gummiband fixieren, damit kein flüssiges Wachs herauslaufen kann. Den Kerzendocht nun in den Dochthalter fädeln. Er sollte ein paar Zentimeter überstehen. Fertig ist die Gussform.

2

Zum Schmelzen das Bienenwachs in den kleineren Topf geben und in das Wasserbad im großen Topf stellen. Langsam erhitzen. Das Wasser sollte nicht kochen, sondern nur simmern. Kann man bis zum Topfboden gucken, ist das Wachs geschmolzen.

3

Mit einem kleinen Schöpflöffel das Wachs seitlich am Dochthalter vorbei in die Form gießen. Vorsicht: Bienenwachs wird sehr heiß! Darauf achten, dass kein Wachs überläuft.

4

Nach ein paar Stunden ist das Wachs abgekühlt und fest. Dann geht es ganz schnell: Ist das Gummiband von der Form gelöst, rutscht die Kerze auch schon heraus. Wer mag, dekoriert sie noch mit Wachs-Bienchen.

5

WINTER IM IMKERJAHR

Kontrolle der Bienen im Winter

Mit der Wintersonnenwende am 21. Dezember werden die Tage wieder länger. Noch ruht die Natur, und es gibt Frost. Doch ab Februar stecken die ersten Schneeglöckchen ihre Spitzen aus der Erde.

Warm eingepackt in einer Schneehaube stehen die Bienen draußen.

Das Mäusegitter wird noch einmal befestigt.

Etwa alle vier Wochen sollten Sie jetzt nach Ihren Bienen schauen, besonders nach einem Sturm oder starken Schneefällen. Eingeschneite Bienenbeuten sind kein Problem, da der Gitterboden unten offen ist und die Bienen ausreichend Luft bekommen. Kritisch sind jedoch zugefrorene Fluglöcher. Diese sollten Sie wieder öffnen, damit die Bienen an den ersten milden Tagen starten können. Falls es gestürmt hat, überprüfen Sie die Beute. Sitzen die Befestigungen noch fest genug, und sitzt der Deckel noch, oder hat der Wind die Bienenbeuten gar abgedeckt? Hat die Beute Löcher? Spechte verwechseln hohl klingende Beuten ab und zu mit einem Baum und meiseln große Löcher in die Beutenwand. Zudem sollten Sie bei dieser Gelegenheit auch gleich die Mäusegitter bzw. -keile kontrollieren.

In der Regel sind die Bienen im Januar noch brutfrei. Haben Sie im alten Jahr die Varroabehandlung der Bienenvölker mit Oxalsäure nicht geschafft, können Sie sie noch bis zum 15. Januar nachholen. Danach darf man nicht mehr behandeln, wenn man im Frühjahr Honig ernten will. Nur dann ist sichergestellt, dass die Oxalsäure vor der nächsten Ernte vollständig aus dem Bienenstock verschwunden ist und keine Rückstände in den Honig gelangen können.

Im Januar bzw. Februar gibt es immer einen ausreichend warmen Tag für den ersten

Kontrolle der Bienen im Winter

Reinigungsflug, bei dem die Bienen ihre Kotblase entleeren. Das geschieht bei Temperaturen ab 10 °C. Es ist ein herrliches Schauspiel, die Bienen nach einem langen Winter wieder fliegen zu sehen und ein Zeichen der jährlichen Wiedergeburt der Natur.
Wenn Sie dies beobachten, sollten Sie sich gleich einen ersten Überblick verschaffen, welche Bienenvölker den Winter überlebt haben. Wenn sich in einem Stock nichts rührt, sollten Sie kurz in die Beute schauen. Sind die Bienen tot, verschließen Sie die Beute. So kann diese nicht von den anderen Völkern ausgeraubt und eventuelle Krankheiten übertragen werden.

Langsam erwacht das Volk

Hält die Wärme im Spätwinter mehrere Tage an, fangen die Bienen an, Wasser und den ersten Pollen von Schneeglöckchen oder anderen Frühjahrsblühern in die Beute zu bringen. Das Eintragen von Pollen deutet auf den Brutbeginn der Bienenvölker hin. Dennoch fliegen noch nicht alle Völker – jedes Volk hat eben seinen eigenen Charakter. Ein Weilchen müssen Sie aber noch Ihre Neugier zügeln. Eine Durchsicht der Völker ist bei diesen Temperaturen nicht angebracht und würde den Wärmehaushalt des Volks empfindlich durcheinanderbringen. Aber von außen können Sie die Beuten schon begutachten. Prüfen Sie zum Beispiel, ob die Bienen noch genug Futter haben. Wenn Sie schon ein Gefühl dafür haben, wie schwer ein Volk mit ausreichenden Futtervorräten sein muss, reicht es, die Beute anzuheben. Ansonsten nehmen Sie eine

Der Kreislauf beginnt von vorn: Der erste Flug der Bienen im neuen Jahr.

Kofferwaage. Ist ein Volk zu leicht und wird das Futter knapp, helfen Sie ihm, indem Sie eine Honigwabe an das Brutnest hängen oder festen Honig auf die Oberträger der Brutrahmen streichen.
Kotspritzer rund um das Flugloch deuten auf Durchfallerkrankungen hin. Diese Völker behalten Sie im Auge, um ihnen im zeitigen Frühjahr zu helfen (→ Seite 68).
Laufen die Bienen auffallend unruhig am Flugloch hin und her, deutet dies darauf hin, dass die Königin fehlt. Solche Völker sind leider verloren. Markieren Sie sie, um sie im März bei warmem Wetter abzukehren. Die Bienen werden sich dann bei den Nachbarvölkern einbetteln.

BIENENPFLANZENTABELLE

Kugeldisteln sind eine wahre Augenweide.

Storchschnabel ist pflegeleicht und blüht ausdauernd.

Ringelblumen blühen bis in den Herbst.

Oregano: Tummelplatz für Bienen.

Name deutsch/ wissenschaftlich	Blütezeit	Blüte	Wuchs/ Wuchshöhe	Standortansprüche	Pflege/ Besonderheiten
Stauden					
Berg-Flockenblume *Centaurea montana*	Mai–August	Korbblüten mit blauen Rand- und blauvioletten Innenblüten, stehen einzeln an den Stängelspitzen	30–80 cm	liebt wenig nährstoffreiche und lehmige Böden	nach der Blüte an der Basis ausschneiden
Kugeldistel *Echinops ritro*	Juli–August	blaue oder silberweiße kugelförmige Blütenköpfe	80 cm	vollsonnige Standorte, gut durchlässige Böden, aber auch sehr magere Böden mit Sand und Geröll	im Frühjahr ist eine Volldüngergabe empfehlenswert
Storchschnabel *Geranium* spec.	Mai–September	in Blauviolett, Rot und Rosa leuchtende Blüten	15–100 cm, je nach Art	sonnige Lagen, aber auch Schatten und durchlässige Böden mit hohem Kalkanteil	im Herbst abgestorbene Stängel bis zum Boden zurückschneiden
Blut-Weiderich *Lythrum salicaria*	Juni–September	purpurviolette bis rosa Blütenähren	70–110 cm	sonnig bis halbschattige, feuchte Böden sind ideal	für Teichränder und Beete geeignet
Katzenminze *Nepeta cataria*	Juni–September	weiße bis zartblaue oder rötliche Blüten in Ähren	60–100 cm	bevorzugt mäßig trockenen, nährstoffreichen Boden in der Sonne	Blüten enthalten ätherische Öle, die auch Katzen anlocken
Himmelsleiter *Polemonium caeruleum*	Mai–Juli	himmelblaue Blüten, stehen endständig in Büscheln	90 cm	sonnig bis halbschattig, Boden nährstoffreich, nicht zu trocken, durchlässig	heimische Staude, die bei uns heute stark gefährdet ist
Kräuter					
Ringelblume *Calendula officinalis*	Juni–Oktober	margeritenähnliche Blüten in Gelbtönen oder in Orange, mit dunkler Mitte, einfach oder gefüllt	30–70 cm	vollsonnige Lage und magere Böden	einjährige Pflanze; in vielen Bienenweide-Saatgutmischungen enthalten
Koriander *Coriandrum sativum*	Juni–Juli	weiße Blüten, stehen in Döldchen	40–100 cm	absonnig bis halbschattig, Boden sandig-humos, frisch bis durchlässig-feucht	Einjährige; lockt neben Bienen auch Hummeln und Schwebfliegen an
Minze *Mentha* spec.	Juli–September	violette Blüten in vielblütigen Scheinquirlen	50–100 cm	sonnig, ganz normaler Gartenboden	genügsam; vor dem Pflanzen ein wenig Kompost in den Boden einarbeiten
Oregano *Origanum vulgare*	Juli–September	hellviolette bis weiße Blüten	30–80 cm	sonnige, warme Plätze, durchlässige Böden	in der ersten Zeit nach dem Pflanzen regelmäßig gießen
Thymian *Thymus vulgaris*	Juli–September	kleine weißrosa Blüten in Scheinquirlen	10–40 cm	bevorzugt sonnige, trockene, windgeschützte Plätze	ab Juli nicht mehr düngen

Bienenpflanzentabelle

Name deutsch/wissenschaftlich	Blütezeit	Blüte	Wuchs/Wuchshöhe	Standortansprüche	Pflege/Besonderheiten
Kapuzinerkresse *Tropaeolum majus*	Juli–Oktober	große Trichterblüten in Gelb, Orange, Rot oder Lachsfarben	mit Kletterhilfe bis 200 cm	vollsonnige Standorte, kalkhaltige und sandige Lehmböden	einjährige Pflanze; Blüten, Blätter und Früchte essbar
Sonstige					
Phacelia *Phacelia tanacetifolia*	Juni–September	hellblaue bis tief blauviolette Blüten	50–100 cm	anspruchslos, verträgt Trockenheit	Gründüngungspflanze, ertragreiche Bienentrachtpflanze
Löwenzahn *Taraxacum* sectio *ruderale*	April–Juni	gelbe Zungenbüten stehen in einer Korbblüte zusammen	30–40 cm	sonnig bis halbschattig, Boden tiefgründig, nährstoffreich, locker	ersten Löwenzahn beim Rasenmähen als kleine Inseln als Bienenweide stehen lassen
Gehölze					
Felsenbirne *Amelanchier larmarckii*	April–Mai	weiße Blüten in traubigen Blütenständen	3–4 m	sonnig bis halbschattig, durchlässige, leicht sandige Böden	vor der Pflanzung etwas Kompost einarbeiten
Bartblume *Caryopterix ×clandonensis*	August–September	blaue, büschelartige Blütenstände	100 cm	vollsonniger, warmer Standort, dürchlässige Böden	frostempfindlich; im zeitigen Frühjahr eine Handbreit über dem Boden abschneiden
Kornelkirsche *Cornus mas*	März–April	goldgelbe, in Dolden stehende Blüten	4–8 m	sonniger, warmer Standort, Boden lehmig, kalkhaltig	im Frühjahr wichtige Bienennahrung
Apfel *Malus domestica*	April–Mai	weiße bis zartrosa Blüen	2–10 m	sonnige oder hell halbschattige Plätze, Boden feucht, wasserdurchlässig	wichtige Bienenweide im Vollfrühling
Süßkirsche *Prunus avium*	Mai–Juni	leuchtend weiße Blüten in Büscheln	bis 30 m	vollsonnige Lagen, Böden locker, nährstoffreich, leicht sandig	wichtige Bienenweide im Vollfrühling
Brombeere *Rubus fruticosus*	Mai–August	weiße oder zartrosa Blüten	50–300 cm	sonnige, windgeschützte Plätze, anspruchslos in Bezug auf den Boden	braucht vor dem Austrieb und nach der Ernte einen Schnitt
Himbeere *Rubus idaeus*	Mai–August	weiße Blüten in rispigen Blütenständen	60–120 cm	windgeschützter, halbschattiger bis sonniger Platz, Boden locker, humusreich	es gibt frühsommertragende und herbsttragende Sorten
Weide *Salix* spec.	März–Mai	typische Blütenkätzchen	bis 30 m	warme Plätze, überwiegend feuchte Böden	wichtige Bienenweide im Frühjahr
Linde *Tilia* spec.	Juni–August	gelblich grüne Blüten mit typischem großen Deckblatt	bis 40 m	warme Plätze, frische, tiefgründige Böden	wichtige Bienenweide im Hochsommer

Phacelia: Bienenweide bis November.

Felsenbirne: Bienenweide im Frühling.

Kornelkirsche: liefert schon im März Bienennahrung.

Die Brombeere lockt viele Bienen an.

Glossar

Absperrgitter Metall- oder Plastikgitter, das den Brutraum vom Honigraum trennt und nur den Arbeiterinnen Zutritt zum Honigraum gewährt. Königin und Drohnen passen nicht hindurch.

Ameisensäure ad us. vet. Wird zur Bekämpfung der Varroa eingesetzt.

Ammenbiene Auch Pflegebiene genannt. Eine Arbeiterin, die sich um die Brutpflege kümmert.

Anfangsstreifen Teilstück einer vorgefertigten Wachsmittelwand, um den Bienen den Naturbau zu erleichtern.

Arbeiterinnen Alle weiblichen Bienen im Stock, mit Ausnahme der Königin.

Bestäubung Übertragung des Blütenstaubs auf die weiblichen Blütenteile.

Bestiften Eiablage der Bienenkönigin in die Wabenzelle.

Beute Behausung des Biens in Zargen aus Holz oder Kunststoff.

Bien Der Superorganismus des Bienenvolks, in dem die Honigbienen in einer Gemeinschaft leben.

Bienenabstand Abstand zwischen den Rahmen im Bienenstock bzw. von den Rahmen zur Wand der Beute, der weder mit Bienenwachs noch mit Propolis verbaut wird.

Bienenflucht Bauteil, das am Tag vor der Honigernte zwischen Brutraum und Honigraum eingesetzt wird, um den Honigraum möglichst bienenfrei zu bekommen.

Bienenkönigin Auch Weisel genannt. Das einzige geschlechtsreife weibliche Tier im Bienenvolk.

Bienentanz Kommunikationsart der Bienen, um die Richtung, Entfernung und Reichhaltigkeit einer Tracht weiterzugeben.

Blütenstaub Auch Pollen genannt. Wird durch Tiere oder Wind von Blüte zu Blüte übertragen.

Blütenstetigkeit Bei Insekten die erlernte Bevorzugung der Blüten einer bestimmten Pflanzenart.

Brutableger Vom Imker durchgeführte Vermehrung eines Bienenvolks durch Umsetzen einer mit Bienen besetzten frisch bestifteten Brutwabe in eine leere Beute.

Brutnest Mit Eiern bestiftete Wabenzellen auf der Brutwabe.

Brutraum (Brutzarge) Teil der Beute, in dem die Brutaufzucht erfolgt.

Brutwabe (Brutrahmen) Wabe, die überwiegend Wabenzellen enthält, in die die Königin Eier (Stifte) ablegt.

Brutzellen Eine Wabenzelle, in der Brut aufgezogen wird.

Buckfast-Biene Eine von Bruder Adam in der Abtei Buckfast aus der italienischen Biene und der dunklen europäischen Biene gezüchtete Bienenrasse.

Carnica-Biene In Deutschland weit verbreitete Bienenrasse, die aus dem nördlichen Balkanraum stammt.

Drohn Männliche Biene, Hummel, Wespe oder Hornisse.

Drohnensammelplatz Platz außerhalb des Bienenstocks, an dem geschlechtsreife Drohnen auf eine unbegattete Königin warten.

Drohnenschlacht Zum Ende des Bienenjahrs werden die Drohnen von den Arbeiterinnen aus dem Bienenstock vertrieben und müssen sterben.

Drohnenwabe (Drohnenrahmen) Wabe mit besonders großen Wabenzellen zur Aufzucht von Drohnen.

Glossar

Einfütterung Auffüllen der Wintervorräte mit Zuckerteig oder -wasser und Honig durch den Imker.

Faulbrut Bakterielle Brutkrankheit der Honigbienen (anzeigepflichtig).

Flugbiene Arbeiterin, deren Aufgabe das Sammeln von Futter ist.

Flugloch Ein- und Ausgang im Bienenstock. Es ist idealerweise in südöstlicher Richtung ausgerichtet.

Futtertasche Behältnis zum Einfüttern des Bienenvolks, das meist die Ausmaße von zwei Rähmchen hat und in die Beute eingehängt wird.

Futterwabe Wabe, deren Wabenzellen mit Honig oder Futter für den Winter (z. B. Zuckerwasser) gefüllt sind.

Futterzarge/Fütterer Zwischenzarge als Behältnis zum Einfüttern des Bienenvolks mit Zuckerwasser und Honig.

Gelee Royale Eiweißhaltiger Futtersaft, mit dem nur die künftige Königin gefüttert wird. Ohne Gelee Royale entsteht eine Arbeiterin aus der Larve.

Hochzeitsflug Begattungsflug der Königin.

Honigraum (Honigzarge) Der Teil der Beute, in dem der Honig in die Waben eingelagert wird.

Honigtau Von Blattläusen und Zikaden ausgeschiedenes zuckerhaltiges Sekret, das von den Honigbienen z. B. zu Waldhonig verarbeitet wird.

Kalkbrut Eine Pilzkrankheit, die die Bienenmaden befällt.

Kundschafterin Arbeiterin, die nach Futterquellen sucht und deren Lage ihrem Volk durch den Bienentanz mitteilt.

Kunstschwarm Ein neues Bienenvolk, das vom Imker künstlich geschaffen wurde, um z. B. ein starkes Volk am Schwärmen zu hindern.

Ligustica-Biene Eine natürlich entstandene Rasse der westlichen Honigbiene. Auch »Italienische Biene« genannt.

Magazinbeute Stapelbares, transportfähiges Beutensystem, in dem Brut- und Honigraum getrennt sind. Heute das meistgenutzte Beutensystem.

Mittelwand Künstlich hergestellte Platte aus Bienenwachs mit sechseckig geprägtem Relief. Sie wird in bedrahtete Holzrähmchen eingelötet, um den Bienen den Wabenbau zu erleichtern.

Nachschaffungszelle Verliert ein Volk seine Königin und sind keine Weiselzellen vorhanden, können die Arbeiterinnen Nachschaffungszellen bilden, um in ihnen aus einer Larve eine neue Königin heranzuziehen.

Naturwabenbau Wabenbau in Rahmen ohne Mittelwände.

Nektar Von Pflanzenblüten abgesonderte Flüssigkeit, aus der Bienen Honig erzeugen.

Nordbiene Auch »Nigra« genannt. Einzige einheimische Honigbienenrasse, wurde durch die Einführung der Carnica- oder Buckfast-Biene verdrängt.

Nosema Hochansteckende Durchfallerkrankung bei erwachsenen Bienen.

Oxalsäure Dient zur Winterbehandlung der Bienen gegen die Varroamilbe.

Pollen siehe Blütenstaub.

Pollenwabe Futterwabe für die Versorgung der Brut.

Propolis Auch Bienenkitt oder Kittharz genannt. Es wirkt desifizierend und antiviral und dient zum Abdichten von Öffnungen und Spalten im Bienenstock.

GLOSSAR

Rähmchen Besteht aus Holz und dient als Trägermaterial für die Wabenzellen.

Räuberei Das Eindringen von fremden Bienen in einen Bienenstock, um dessen Futter zu rauben.

Refraktometer Gerät, um den Wassergehalt des Honigs zu messen.

Rundtanz Kundschafterinnen tanzen den Rundtanz, um in der Nähe gelegene Futterquellen anzuzeigen.

Sammelbienen siehe Flugbienen

Schwänzeltanz Kundschafterinnen tanzen den Schwänzeltanz, um weiter entfernte Futterquellen anzuzeigen.

Schwärmen Wird ein Bienenvolk zu groß, kommt es in Schwarmstimmung. Ist eine neue Königin nachgezüchtet, verlässt die alte mit einem Teil des Volks als Schwarm das Bienenvolk.

Schwarmtraube Ausgeschwärmte Bienen sammeln sich in der Nähe des Muttervolks, meist an Ästen, als Schwarmtraube und ruhen sich aus.

Schwarmzeit Aufgrund der starken Vermehrung (Völkerexplosion) im Mai/Juni neigen viele Bienenvölker in diesem Zeitraum zum Schwärmen.

Schwarmzelle siehe Weiselzellen

Spielnäpfchen Vorstufen von Weiselzellen. Der Bau von Spielnäpfchen ist das sichere Zeichen, dass ein Bienenvolk zum Schwärmen neigt.

Spurbiene siehe Kundschafterin.

Stockgeruch Der ureigene Geruch eines jeden Bienenvolks, der an jeder Honigbiene haftet. Wird der Stockgeruch etwa durch Agrargifte verfälscht, wird der Flugbiene der Zutritt in den Bienenstock verweigert.

Stockkarte Dokument, in dem der Imker den Zustand des einzelnen Bienenvolks festhält.

Tracht Das gesamte Angebot an Nektar, Pollen und Honigtau, je nach Jahreszeit unterschiedlich.

Varroamilbe Ein auf asiatischen Bienen eingeschleppter Parasit.

Wabe Besteht aus zahlreichen, von den Bienen aus Bienenwachs gebauten Wabenzellen.

Wabenabstand Wenn der Abstand von Wabe zu Wabe 35 mm beträgt, können sich die Bienen dort ungehindert bewegen. Wird auch Wabengasse genannt.

Wabenstetigkeit Die Bienen bleiben ruhig auf der entnommenen Wabe sitzen und fliegen nicht auf.

Wabenzelle Sie wird von den Bienen in gleichmäßiger sechseckiger Form aus Wachs gebaut. In einer Wabenzelle wird die Brut aufgezogen oder Futter eingelagert.

Wachsmotte Schädling, der sich in den Waben einnistet. Er ernährt sich von Pollenresten und den Brutrückständen. Die Waben werden dabei zerstört und verkotet.

Wächterbienen Arbeiterinnen, die das Eindringen von Fressfeinden in den Bienenstock verhindern.

Weisel siehe Bienenkönigin.

Weisellosigkeit Der Zustand eines Volks ohne Königin.

Weiselzelle Auch »Königinnenzelle« genannt. Am Wabenrand hängende besondere Brutzelle, in der die Königin heranwächst. Eine Weiselzelle wird gebildet, wenn ein Bienenvolk zum Schwärmen neigt.

Wildbienen Alle wild lebenden Bienenarten mit Ausnahme der Honigbiene.

Wintertraube Im Winter bildet der Bien eine Wintertraube, um die Temperatur über 25 °C Grad zu halten.

Zarge Bestandteil einer Beute, zum Beispiel Brutzarge oder Honigzarge.

Register

Halbfett gesetzte Seitenzahlen verweisen auf Abbildungen.

A

Abfüllbehälter 98, **98**
Abkehrbesen 86
Absperrgitter 51, **51**, 76, **76**
Abstandshalter 50, **50**, 126, 127, **127**
Ägypter, alte 18, 40, 41, **41**
Ameisensäure 106, **107**
Amelanchier lamarckii 135
Anemone × hybrida 119, **119**
Anfangsstreifen 50, 77, **129**
Anflugbrett 51, **51**
Anzeigepflicht 104
Apfel 135
Apfelbäume **10**
Arbeiterinnen 14, 16, **16**, 17, **17**, 23
Arbeiterinnenzellen 55
Aster novi-belgii 119, **119**
Aubrieta-Hybriden 75, **75**
Ausrüstung 48, 49, **49**
Ausschwärmen 77

B

Bacillus thuringiensis 117
Balkon 90, **90**, 91, **91**
Bartblume 135
Baumhöhle 18, **18**
Becherpflanze **30**, 31
Beespace 52
Bergenia cordifolia 75, **75**
Bergenie 75, **75**
Berg-Flockenblume 134
Bestäubung 10, 11, 28, 29, 30
Betriebsnummer 46
Beute 19, 52, **53**
– aus Styropor 52
-, Inneres der 54, **54**, 55
-, Klotz- 42
– reinigen 124, **125**
Beutensysteme 50, 51, **51**
Bien 14
Biene, Buckfast- 26, **27**
-, Carnica- 26, **27**

-, Kärntner- 26, **27**
-, Ligustica- 26, **26**
-, Nigra 26, **27**
-, sterzelnde **87**
-, männliche 14
-, weibliche 14
Bienenabkehrbesen 48, **49**
Bienenabstand 50, 51
Bienenbehausungen 18, 19
Bienenflucht 51, **51**, 94, **95**
Bienengift 20, 21
Bienenhaltung, wesensgerechte 57
Bienenkasten 43
Bienenkiste 52
Bienenkorb 18, **18**, 42, 43, **43**
Bienenpflanzen 72, 73, 90, 91, 118, 119, **119**
Bienenrassen 26, **26**, 27, **27**
Bienenschwarm 80, 84, **84**, 85
– einfangen 86, 87, **87**, 88, **88**, 89, **89**
Bienenstaat, 14, 15
Bienenstiche, Hausmittel gegen 110, **110**
Bienentanz 15, **15**
Bienenvolk kaufen 45
– wiegen 133
Bienenvölker vereinigen 114, 115
Bienenweide 34, 72, **72**, 91
Bienenzuchtvereine 34
Bio-Imkerei 56, 57, 58, **58**, 59, **59**
Bio-Verbände 56
Blatthonig 23
Blaukissen 75, **75**
Blumenzwiebeln 118, **118**
Blütennektar 23
Blütenstaub 10
Blütenstetigkeit 10
Borago officinalis 93, **93**
Borretsch 93, **93**
Brombeere 135
Bruder Adam 26
Brut 54, **54**
Brutableger 56, 80, 82, **82**, 83, **83**, 85
Brutbeginn 133
Brutkrankheiten 104, **105**
Brutnest 54, 55, 114
– erweitern 70
Brutraum 51, **51**, 53, 54, **54**, 55, 71, 76, 77

Brutverdeckelung 55
Brutwabe 54, **55**, 82, 83, **83**
Brutzarge 51, **51**
Brutzelle 13
Buckfast-Biene 26, **27**

C

Calendula officinalis 134, **134**
Carnica-Biene 26, **27**
Caryopterix × cladonensis 135
Centaurea montana 134
Coriandrum sativum 134
Cornus mas 135, **135**
Crocus vernus 74, **74**

D

Dach, begrüntes 32, **32**
Deckel 51, **51**
»Deutschland summt!« 32, 36, **36**, 37
Drohn 14, 16, **16**, 17, **17**, 114, **114**
Drohnenbrut 70, 71
Drohnenrahmen 70, **71**, 77
Drohnensammelplatz 17
Drohnenschlacht 114
Drohnenwabe 54, **54**, 55
Duftsteinrich 75, **75**
Durchfallerkrankung 68, 105

E

Echinacea purpurea 93, **93**
Echinops ritro 134, **134**
Ei 16, **16**
Einengen 68, **69**
Einfüttern 108, 109, **109**
Einraumbeute 53, **53**
Einsiedlerbienen 28
Entdeckelungsgabel 94, 96, **97**, 100
Entdeckelungstisch 94, 96, **97**
Entdeckelungswachs 128
Entwicklungsstadien 16, **16**
Eranthis hyemalis 74, **74**

F

Fangbehälter 86, **86**
Faulbrut 104, 105, **105**

REGISTER

-, Amerikanische 46, 104
Felsenbirne 135
Fetthenne 115, **115**
-, Große 119, **119**
Firmengärten 33
Flugbienen 10, 11
Fluglochkeil 51, **51**
Frühlings-Krokus 74, **74**
Futteraufsatz 109, **109**
Futtertasche 82, 109, **109**
Futterteig 109
Fütterungssysteme 109
Futtervorrat 133
Futterwabe 55, 82
Futterzarge 51, **51**, 109, **109**

G

Gelee Royale 17, 21
Geranium spec. 134, **134**
Geruch, stockeigener 14
Geschichte der Imkerei 40, 41
Gesundheitszeugnis 45, 102, 103
Griechen, Imkerei bei den 41
Grundausrüstung 48, 49, 50, 51, 52, 53
Grünflächen, öffentliche **33**

H

Haftpflichtversicherung 46
Hain-Salbei 92, **92**
Herbstanemone 119, **119**
Herbstaster 119, **119**
Herold Beute 52
Himbeere 135
Himmelsleiter 134
Hinterbehandlungsbeute 50
Hochzeitsflug 14, 16
Hoffmannseitenteile 126
Hohenheimer Beute 52
Honig 12, 20, **21**, 22, 23, **23**, 24, 25, 54, **54**
– abfüllen 98, **98**, 99, 100, 101, **101**
– etikettieren 98, 99
– rühren 98, **98**, 99
– schleudern 100, 101, **101**
-, Konsistenz 98
-, kristallisierender 98
-, qualitativ hochwertiger 35
-, trüb werdender 98, **98**
Honigbiene in Bernstein **40**
-, älteste 40
Honigblase 22
Honigeimer 94, 96
Honigernte 94, 95, **95**, 96, **96**, 97, **97**

Honigkappe 77
Honigproduktion 76, 77
Honigraum 51, **51**, 53, 54, **54**, 76, 77
– aufsetzen 76, 77
-, halber **76**
Honigraumgitter 53
Honigsammler 42
Honigschleuder 94, 96, **96**, 101
Honigsieb 94, 96, **97**
Honigtau 22, 23
Honigvorrat 108
Honigwabe **55**
-, verdeckelte 94, **94**, 95
Honigzarge 51, **51**
Honigzelle 22, **22**
-, verdeckelte **22**
Hummel 28, **28**, 29

I/J

Imker 42
Imkeranzug 48, **48**
Imkerei, Geschichte 40, 41
– in Europa 42
Imkerhandschuhe 48, **48**
Imkerkurs 44, 45
Imkern in der Schule 34, **34**
– in der Stadt 19, **19**
– nach dem Mond 62
-, biologisch 56, 57
Imkerpate 44, 45
Imkervereine 34
Indianernessel 92, **92**
Insektenhotel 28, 29, **29**, 34, 35
– bauen 120, **120**, 121, **121**
Insektizide 14
Jahreszeiten 60, 61, 64
Jungbienen 70, **71**

K

Kalender, phänologischer 60, **61**, 64
Kalkbrut 105
Kaltbau 53
Kapuzinerkresse 135
Kärntner-Biene 26, **27**
Katzenminze 134
Kerzen gießen 130, **130**, 131, **131**
Klotzbeute 42, 50
Königin 14, 16, **16**, 17, **17**, 21, 71, **71**
Königinableger 80, 85
Königinnenzucht 80, 81
Königskerze 93, **93**
Kontrolle im Winter 132, **132**, 133, **133**

Koriander 134
Kornelkirsche 135
Körperbau der Biene 12, 13, **13**
Kosten 46, 47
Kotblase 133
Kotspritzer 133
Krankheiten 104, **104**, 105, **105**
-, meldepflichtige 46
Kräuter 73
Kristallisation 98, 99
Kuckucksbiene 28
Kugeldistel 134, **134**
Kundschafterin 15
Kunstschwarm 80

L

Landwirtschaft 30, 31
Langstroth, Lorenzo 52
Larve 16, **16**, 21
Leinkraut, Purpur- 119, **119**
Leucojum vernum 74, **74**
Ligustica-Biene 26, **26**
Linde 135
Linaria purpurea 119, **119**
Lobularia maritima 75, **75**
Löwenzahn **60**, 135
Lythrum salicaria 134

M

Magazinbeute 43, 50, 51, **51**
-, Bauplan 51, **51**
Mais 31, **31**
Malus domestica 135
Märzenbecher 74, **74**
Massentracht 22
Mauerbiene 28
-, Gehörnte **28**, 29
-, Rote 29
Mäusegitter 132, **132**
Meldepflicht 46
Mentha spec. 134
Minze 134
Mittelwand 12, 50, 70, 77, **129**
Mittelwandpresse 128
Monarda didyma 92, **92**
Mond 62
Monokulturen 30

N

Nachschaffungszellen 55
Nachtänzerin 15
Naturbau **56**, 77

Register

Nektar 12, 22
Nelkentuch 48
Nepeta cataria 134
Nigra 26, **27**
Nordbiene 26, **27**
Nosema 105

O/P

Oberbehandlungsbeute 50
Obstbäume 118
Obststräucher 118
Oregano 134, **134**
Origanum vulgare 134, **134**
Oxalsäure 124, 125
Pestizide 30, 31
Phacelia 135, **135**
Phacelia tanacetifolia 135, **135**
Phlox 92, **92**
Phlox paniculata 92, **92**
Polemonium caeruleum 134
Pollen 10, 20, **21**, 54, **54**
Propolis 12, 20, **20**, 41
Prunus avium 135

R

Rahmen 43, 50, **50**, 52, 54, **54**, 55, **55**
– drahten 126, **126**, 127, **127**
Rahmenmaß 52
-, Dadant 52
-, Deutsch-Normalmaß 52
-, Langstroth 52
-, Zander 52
Raps 22
Räuberei 109
Refraktometer 23, 94, **95**
Registriernummer 46
Reinigungsflug 133
Rezept, Honig-Ingwer-Eis 99, **99**
-, Teatime für die Bienen 111, **111**
-, Florentiner mit Honig 25, **25**
-, Rosmarinbrot mit Honig 63, **63**
Ringelblume 134, **134**
Römer 41
Rubus fruticosus 135, **135**
– *idaeus* 135
Ruhr 105
Rundtanz 15

S

Salix spec. 135
Salvia nemorosa 92, **92**
Sammelbiene 22

Sauerbrut 104
Schied 82, **83**
Schleier 48, **48**
Schleuderraum 96
Schlüsselnummer 46
Schwänzeltanz 15, **15**
Schwarmfangbeutel 86, **87**
Schwarmkasten 86, **86**
Schwarmstimmung 84, 85
Schwarmtraube 85, 86, 87, **87**
Schwarmtrieb 71, 84, 85
Schwarmzeit 80, 84
Schwarmzellen 76, 84, 85
Sedum telephium 119, **119**
Seegeberger Beute 52
Smoker 48, **49**
Solitärbienen 28
Sommerbienen 16, 114
Sonnenhut, Purpur- 93, **93**
Sonnenwachsschmelzer 117, **128**
Spielnäpfchen 71, **85**
Spritzprobe 23, 94
Stadtimker 19
Stauden 73, **73**
Steinkraut 75, **75**
Stockkarte 46, **46**, 47, **47**
Stockmeißel 48, **49**, 124
Storchschnabel 134, **134**
Süßkirsche 135

T

Taraxacum sectio *ruderale* 135
Thymian 134
Thymus vulgaris 134
Tilia spec. 135
Tracht 10, 15
Trogbeute 50
Tropaeolum majus 135

U/V

Unterboden 51, **51**
Urlaub 64
Varroa 53, 106, **106**, 107, **107**
Varroabehandlung 115, 124, **124**, 125, **125**
Varroamilbe 19, 44, 57, 70, 106, **106**
Varroaschublade 53, 124, **124**
Verbascum phlomoides 93, **93**
Verdunster 106
-, Nassenheider 106, **107**
Vermehrung 70, 71
Vermehrungszeit 80
Veterinäramt 46, 102

Völker wiegen **69**
Völkerdurchsicht 68, **68**, 69, **69**
Völkerexplosion 70, 71
Völkervermehrung 80, 81
Vorratskammer 71

W

Wabe 50
Waben einwintern 117
-, sechseckige 12, **12**
Wabenabstand 50, 51, 126
Wabenanordnung 54, **54**
Wabenheber 48, **49**
Wabenmaß 52
Wabenzelle 50, 54
Wachs 13, **20**, 21
– einschmelzen 128, **128**, 129, **129**
Wachsmotten 117, **117**
Waldhonig 22, 23, 108
Wanderboden 51, **51**
Wandergitter 103, **103**
Wanderimkerei 43, 102, **102**, 103, **103**
Wanderwart 102
Warmbau 53
Wassergehalt 23, 94
Wasserzerstäuber 48, **49**, 86
Weide 135
Weiderich, Blut- 134
Weiselnäpfchen, künstliche 81
Weiselzellen 54, 71, 76, **80**, 81, **81**
Wetterschutz 51, **51**
Wildbau 52
Wildbienen 11, 28, **28**, 29
Wildblumenwiese 72
Wildpflanzen 34
Winterbienen 16, 114
Winterfutter 105, 108, **108**, 109, **109**
Winterling 74, **74**
Winterruhe 68, 116, 117
Wintertraube 116, **116**
Wintervorrat 108, 114

Z

Zarge 50
Zeidler 42, **42**, 43
Zeigerpflanzen 60, **60**
Zentralwabe 54
Ziersalbei 92, **92**
Zucker 23, 24
Zuckersirup 109
Zuckerwasser 108, **108**, 109, **109**
Zufütterung 57

Adressen und Literatur

Informationen

Bio-Verbände
www.demeter.de
www.naturland.de
www.bioland.de

Imkervereine/Imker
Deutscher Imkerbund
www.deutscherimkerbund.de
Österreichischer Imkerbund
www.imkerbund.at
Münchner Bezirksbienen-
zuchtverein e. V.
www.mbbzv.de
Imkerei Berg und Blüte
Kristin Mansmann
www.bergundbluete.de

Weitere Informationen
www.deutschland-summt.de
www.greenpeace.de
www.mellifera.com
www.oxfam.de
(Verschenken Sie ein Bienenvolk)
www.bund-naturschutz.de
www.lwg.bayern.de
www.zeidelmuseum.de

Filme
»Das Geheimnis
des Bienensterbens«
»More than Honey«

Bezugsquellen
Werner Seip
(Bienenzuchtbedarf, Bio-Produkte)
www.bienenzuchtbedarf-seip.de
Behinderten-Werk Main-Kinzig e. V.
(Behindertenwerkstatt, Verkauf von
hochwertigen Beuten)
www.bwmk.de
Herbathek
(Bio-Kräuter für Tees)
www.herbathek.com
mein Brotmix
(Brotmischungen mit Honig)
www.mein-brotmix.de

Stauden und Gehölze
www.staudengaissmayer.de
www.stauden-stade.de
www.syringa-pflanzen.de
www.kraeuter-und-duftpflanzen.de
www.gluecksgarten.at
www.staudenshop.ch
www.baumschule-horstmann.de
www.eggert-baumschulen.de
www.baumschule-wolf.at
www.haeberli-beeren.ch

Blumenzwiebeln
www.treppens.de
www.bakker.at
www.blumenzwiebeln.net

Blumenwiesenmischungen
www.hof-berggarten.de
www.blauetikett.de
www.rieger-hofmann.de

Literatur
Bentzien, C. (2006): Ökologisch Im-
kern. Kosmos Verlag, Stuttgart
Dutli, R. (2012): Das Lied vom Honig:
Eine kleine Kulturgeschichte der Biene.
Wallstein Verlag, Göttingen
Gay, J., Menkhoff, I. (2012): Das große
Buch der Bienen. Fackelträger-Verlag,
Köln
Hemmer, C., Hölzer, C. (2013): Wir tun
was für Bienen. Kosmos Verlag,
Stuttgart
Wulf, I. (2015): Rettet die Bienen.
Cadmos Verlag, Schwarzenbek

Zeitschriften
Imkerfreund: Das Fachmagazin für Imker. Deutscher Landwirtschaftsverlag,
Hannover
Die Biene: Überregionale Fachzeit-
schrift für Imker. Deutscher Landwirtschaftsverlag, Hannover.

Gartenlust pur.

ISBN 978-3-8338-6194-9

ISBN 978-3-8338-7351-5

ISBN 978-3-8338-6242-7

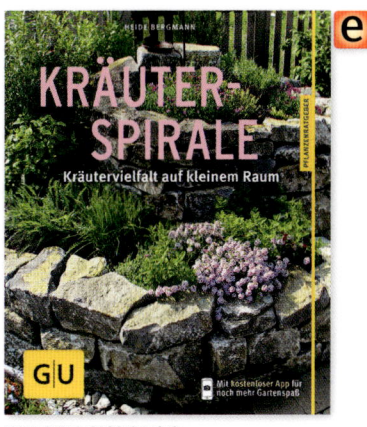

ISBN 978-3-8338-3463-9

ISBN 978-3-8338-5580-1

ISBN 978-3-8338-6349-3

 Auch als eBook erhältlich.

Mehr von GU auf **www.gu.de** und
facebook.com/gu.verlag

Impressum

© 2016 GRÄFE UND UNZER VERLAG GmbH, München

Alle Rechte vorbehalten. Nachdruck, auch auszugsweise, sowie Verbreitung durch Film, Funk, Fernsehen und Internet, durch fotomechanische Wiedergabe, Tonträger und Datenverarbeitungssysteme jeder Art nur mit schriftlicher Genehmigung des Verlags.

Projektleitung: Cornelia Nunn
Lektorat: Barbara Kiesewetter
Bildredaktion: Christina Freiberg, Petra Ender (Cover)
Satz: Marion Feldmann
Layout und Umschlaggestaltung: independent Medien-Design, Horst Moser, München
Produktion: Petra Roth
Reproduktionen: Longo AG, Bozen
Druck und Bindung: PRINTER TRENTO S. r. l., Trento
Syndication: www.seasons.agency
ISBN 978-3-8338-4738-7
5. Auflage 2020

Die Autoren und die Fotografin

Sandra Bielmeier arbeitet als selbstständige Kinder- und Lifestyle-Fotografin und erwarb sich internationale Anerkennung. Sie ist Mitglied beim Fotografenverband BFF. Konzept und Gestaltung aus ihrer Hand gibt den gemeinsamen Projekten mit ihrem Mann den kreativen Rahmen. Zudem befasst sie sich seit Jahren mit Kräuterkunde und dem Einfluss der Mondphasen auf Mensch und Natur.
Armin Bielmeier ist als Schauspieler und Fotomodell tätig. Er schrieb Interpretationen für Theaterstücke, arbeitete als Tänzer und Choreograph und verbrachte mehrere Jahre im Ausland. Neben dem Imkern zählt Interieur-Design zu seinen gestalterischen Leidenschaften.
Die Autoren leben mit Ihrem Sohn Valéry im Münchener Süden und haben sich vor einigen Jahren dem Imkern verschrieben. Mit diesem Buch möchten sie ihre Leidenschaft für dieses Thema weitergeben.

Bildnachweis

Cover: Sandra Bielmeier
Alle Fotos in diesem Buch stammen von **Sandra Bielmeier**, mit Ausnahme von: **Age fotostock/FLPA/S & D & K Maslow:** 18-1; /**Teigler:** 27-1; **Alamy:** 122; **Bidjanbeg:** 37-3; **Biosphoto:** 28-2; **Christiansen:** 84; **Engfer, Kai-M.:** 27-3; **Flora Press/Jane Sebire:** 32-1; / **Visions:** 35-1, 135-3; /**gartenfoto.at:** 72; /**Nova Photo Graphik:** 75-2; /**Nicola Stocken Tomkins:** 119-4; **Fotolia/Den:** 28-1; /**Johanna Muehlbauer:** 30; /**Dusan Kostic:** 31-2; /**neko92vl:** 37-2; /**M.Schuppich:** 75-1; /**mirkorrosenau4:** 134-3; **Getty Images/Dan Kitwood:** 32-2; **Greenmedianet (gmn):** 36; **Hemmer:** 37-1; **Hoch:** 23; **Mauritius Images/Alamy:** 40; /**United Arcives:** 41; **Nickig, Marion:** 93-2, 119-1; **Pausch:** 102; **Pixelio/Marco Barnebeck:** 62; /**Monika Oumard:** 134-2; /**Thorben Wengert:** 135-4; **Rosen:** 81-1, 81-2; **Schwenkel:** 117-2; **Seasons Agency:** 119-3; /**Einwanger, Klaus:** 92-2, 93-1; **Seefeld:** 19; **Shutterstock/Tsekhmister:** 17-3; /**Weldon Schloneger:** 31-1; /**daseaford:** 35-2; /**Fotogrund:** 75-3; /**edelweiss7227:** 93-3; /**Sarycheva Olesia:** 118; /**m.jrn:** 134-1; /**eltoro69:** 134-4; /**Bill Florence:** 135-1; /**rodimov:** 135-2; **Wikimedia Commons/Barcex:** 26; /**Ikar.us/Karlsruhe:** 33 ; /**Tanarus:** 105.
Alle Illustrationen stammen von **Claudia Lieb**, mit Ausnahme von:
Illustration auf Seite 42 von Adam Gottlieb Schirach (1724–1773), lizenzfrei mit freundlicher Genehmigung von: Senfkornverlag Alfred Theisen i. V. für Verlag Wilhelm Gottlieb Korn; Abbildung auf Seite 47 mit freundlicher Genehmigung von: **Deutscher Imkerbund e.V.**

Dank

Wir bedanken uns bei Maximilian Artmann für sein großes Engagement als unser Imkerpate, ebenso bei seiner Frau Monika, bei Kristin Mansmann für ihre fachliche Mitarbeit sowie beim Münchener Bezirksbienenzuchtverein, insbesondere bei Sandra und Norman Seefeld, Michaela Szabados und Hilde Miner, für ihre Unterstützung bei unserem Schulprojekt und für den Einblick in ihr Bienenmuseum. Wir bedanken uns auch bei Helga und Albrecht Pausch, Corinna Hölzer und Cornelis Hemmer von »Deutschland summt!«, der Montessorischule Dietramszell, der FGV Schmidle GmbH und der Blink Imaging GmbH.

Liebe Leserin, lieber Leser,
haben wir Ihre Erwartungen erfüllt? Sind Sie mit diesem Buch zufrieden? Haben Sie weitere Fragen zu diesem Thema? Wir freuen uns auf Ihre Rückmeldung, auf Lob, Kritik und Anregungen, damit wir für Sie immer besser werden können.

GRÄFE UND UNZER Verlag
Leserservice
Postfach 86 03 13
81630 München
E-Mail:
leserservice@graefe-und-unzer.de

Telefon: 00800 / 72 37 33 33*
Telefax: 00800 / 50 12 05 44*
Mo–Do: 9.00 – 17.00 Uhr
Fr: 9.00 – 16.00 Uhr
(* gebührenfrei in D, A, CH)

Ihr GRÄFE UND UNZER Verlag
Der erste Ratgeberverlag – seit 1722.

Umwelthinweis:
Dieses Buch ist auf PEFC-zertifiziertem Papier aus nachhaltiger Waldwirtschaft gedruckt.

Ein Unternehmen der
GANSKE VERLAGSGRUPPE

www.facebook.com/gu.verlag